FiT FÜR DIE SCHULE

Mein Grundschulwissen

Deutsch + Mathematik 1.–4. Klasse

Konzept und Text von Johanna Echtermann
Illustrationen von Guido Wandrey

TESSLOFF

Vorwort

Liebe Schülerin, lieber Schüler,

weißt du noch, was ein Nomen ist? Und wie geht gleich wieder das schriftliche Addieren? Hier findest du Antworten auf deine Fragen und kannst alle wichtigen Begriffe und Erklärungen nachschlagen.

So arbeitest du mit diesem Nachschlagewerk:

- → Das Buch gliedert sich in zwei Teile: Vorne findest du die Lerninhalte aus dem Fach **Deutsch**, hinten geht es um **Mathematik**.
- → Jeder Lerninhalt wird in einem blauen **Lernkasten** erklärt und mit **Beispielen** verdeutlicht.
- → Im alphabetischen **Stichwortverzeichnis** am Ende des Buches kannst du ganz gezielt nach bestimmten Begriffen suchen.
- → Wichtige **Fachbegriffe** und **Erklärungen** findest du auf der herausnehmbaren **Lerntafel**.

Dein Grundschulwissen kompakt auf einen Blick!

Viel Spaß und Erfolg!
Dein Jojo

Inhaltsverzeichnis Deutsch

Wortbausteine

Wortarten

Satzarten

Satzglieder

Inhaltsverzeichnis Deutsch

Rechtschreibung

Zeichensetzung

Texte schreiben: Erzählungen

Texte schreiben: Sachtexte

Texte lesen: Besondere Erzählformen

Inhaltsverzeichnis Mathematik

Zahlen

Rechnen

Inhaltsverzeichnis Mathematik

Größen

Textaufgaben

Geometrie

Deutsch

Wortbausteine

Ein Wort, das du **sprichst**, besteht aus verschiedenen **Lauten**. **Schreibst** du ein Wort, so besteht es aus verschiedenen **Buchstaben**.

!

In unserem **Alphabet** gibt es **26 Buchstaben**:

A / a, B / b, C / c, D / d, E / e, F / f, G / g, H / h, I / i, J / j, K / k, L / l, M / m, N / n, O / o, P / p, Q / q, R / r, S / s, T / t, U / u, V / v, W / w, X / x, Y / y, Z / z.

Außerdem gibt es die **Umlaute** Ä / ä, Ö / ö, Ü / ü und das Sonderzeichen ß.

Wörter bestehen aus **Silben**. Die Silben erkennst du leicht, wenn du das Wort sprichst und dabei in die Hände klatschst.

Haus	Blume	Baggerfahrer
1 Silbe	2 Silben	4 Silben

→ Jedes Wort hat einen **Wortstamm**. Oft gibt es in einem Wort auch **Vor-** und **Nachsilben** sowie **Endungen**:

Er	klär	ung	en
↓	↓	↓	↓
Vorsilbe	Wortstamm	Nachsilbe	Endung

→ **Vorsilben** (Präfixe) sind Wortbausteine am Anfang eines Wortes. Vorsilben verändern die Bedeutung eines Wortes.

abfahren, **an**fahren, **vor**fahren, etwas **um**fahren,
sich **ver**fahren, **weg**fahren, **über**fahren, **los**fahren

→ Am Ende eines Wortes kann eine **Nachsilbe** (Suffix) stehen.

wunder**bar**, freund**lich**, grund**los**, freud**ig**, stürm**isch**,
Heiter**keit**, Erkält**ung**

An der Nachsilbe kannst du oft erkennen, zu welcher Wortart ein Wort gehört. → vgl. S. 11 (Nomen), S. 23 (Adjektive)

→ Die **Endung** richtet sich nach der Person, nach dem Fall oder nach dem Geschlecht eines Wortes.

Ich geh**e** in die Stadt.
Du geh**st** in die Stadt.

Sieh mal, der rot**e** Pullover dort drüben!
Ich möchte so einen rot**en** Pullover.

Ich hole den grün**en** Teller und die grün**e** Tasse.

→ Wörter mit dem gleichen **Wortstamm** gehören zu einer **Wortfamilie**.

Grund, **grund**los, er**gründ**en, Ab**grund**, **gründ**lich

Ärger, **ärger**n, ver**ärgert**, **ärger**lich, Ver**ärger**ung

Wortarten

Nomen (Namenwörter)

1 Was ist ein Nomen?

Das Wort **Nomen** stammt aus dem Lateinischen und bedeutet **Name**. Sicher kennst du viele Namen von Freundinnen oder Freunden. Es gibt aber noch viel mehr Namenwörter!

→ **Nomen** (Namenwörter) bezeichnen:

- **Personen**: Jonas, Oma, die Verkäuferin.
- **Tiere**: der Elefant, die Maus.
- **Pflanzen**: der Baum, die Sonnenblume.
- **Gegenstände**: das Buch, der Computer.
- **Gefühle**, **Gedanken**, **Vorstellungen**: die Wut, der Traum, der Wunsch.

Nomen werden mit einem **großen Anfangsbuchstaben** geschrieben.

Alle Nomen, die etwas bezeichnen, das man anfassen kann (Personen, Tiere, Pflanzen oder Gegenstände), nennt man **Konkreta**. Nomen für Gefühle, Gedanken oder Vorstellungen nennt man **Abstrakta**.

Konkreta:

der Opa  das Huhn  die Tulpe  der Stift 

Abstrakta:

die Freude  die Idee  die Liebe 

Oft kannst du Nomen an den **Nachsilben** -heit, -keit, -ung, -nis, -tum, -schaft oder -ling erkennen.

die Faul**heit**, die Heiter**keit**, die Vermut**ung**, das Ergeb**nis**, das Brauch**tum**, die Freund**schaft**, der Schmetter**ling**

2 Für Nomen gibt es Oberbegriffe

→ Mit einem **Oberbegriff** (Sammelnamen) kannst du viele verschiedene Dinge, die etwas miteinander gemeinsam haben, gleichzeitig benennen.

der Hammer, die Säge, die Zange → das **Werkzeug**

die Eiche, die Linde, die Buche → die **Bäume**

der Bäcker, der Tischler, der Polizist → die **Berufe**

die Gitarre, das Klavier, die Flöte → die **Musikinstrumente**

3 Nomen haben einen Artikel

Ein Nomen kann zwei verschiedene **Artikel** (Begleiter) haben, einen **bestimmten** oder einen **unbestimmten**.

der Bär – **ein** Bär
die Katze – **eine** Katze
das Fahrrad – **ein** Fahrrad

Wortarten

→ Der **bestimmte Artikel** (Begleiter) heißt **der**, **die** oder **das**.

der Bär  **die** Ente  **das** Krokodil 

In der **Mehrzahl** (Plural) heißt der bestimmte Artikel immer **die**.

die Bären **die** Enten **die** Krokodile

Du verwendest den **bestimmten** Artikel, wenn du eine ganz bestimmte Person, ein bestimmtes Tier, eine bestimmte Pflanze oder einen bestimmten Gegenstand meinst.

→ Der **unbestimmte Artikel** (Begleiter) heißt **ein** oder **eine**.

ein Bär **eine** Ente **ein** Krokodil

Steht das Nomen in der **Mehrzahl**, **fällt** der unbestimmte Artikel **weg**.

Bären Enten Krokodile

Du verwendest den **unbestimmten** Artikel, wenn du irgendeine Person, irgendein Tier, irgendeine Pflanze oder irgendeinen Gegenstand meinst.

4 Nomen im Singular (Einzahl) und Plural (Mehrzahl)

→ Nomen im **Singular** (Einzahl) bezeichnen **ein einziges** Ding.
Nomen im **Plural** (Mehrzahl) bezeichnen **mehrere** Dinge.

Die meisten Nomen **verändern sich** im Plural. Die Pluralform wird auf verschiedene Weisen gebildet:

das Auto – die Auto**s**
das Haar – die Haar**e**
die Blume – die Blume**n**
die Gefahr – die Gefahr**en**
das Kind – die Kind**er**

der Hammer – die H**ä**mmer
der Arzt – die **Ä**rzt**e**
das Glas – die Gl**ä**s**er**

Bei einigen Nomen **bleibt** die Form im Plural **gleich**.

der **Esel** – die **Esel**

Manche Nomen können **nur im Singular** oder **nur im Plural** stehen.

Singular: der Lärm

Plural: die Ferien

5 Zusammengesetzte Nomen

Oft bestehen Nomen aus mehreren einzelnen Wörtern. Man nennt diese Nomen dann **zusammengesetzte Nomen**.

 der **Baum** +  das **Haus** = das **Baumhaus**

Wortarten

→ Ein **zusammengesetztes Nomen** besteht aus einem **Bestimmungswort** und einem **Grundwort**. Das Bestimmungswort beschreibt das Grundwort genauer.

Bestimmungswort	+	Grundwort	=	zusammengesetztes Nomen
↓		↓		↓
der **Sport**	+	die **Lehrerin**	=	die **Sportlehrerin**
die **Musik**	+	die **Lehrerin**	=	die **Musiklehrerin**

Eine Sportlehrerin ist eine Lehrerin,
die Sport unterrichtet.
Eine Musiklehrerin ist eine Lehrerin,
die Musik unterrichtet.

Der **Artikel** (Begleiter) richtet sich nach dem **Grundwort**:

die Polizei	+	**der** Hund	=	**der** Polizeihund
die Vanille	+	**das** Eis	=	**das** Vanilleeis
		↑		
		Grundwort		

Das **Bestimmungswort** kann auch ein **Verb** (Tunwort) oder ein **Adjektiv** (Wiewort) sein:

schwimmen	+	der Reifen	=	der Schwimmreifen
sauer	+	das Kraut	=	das Sauerkraut
↑				
Bestimmungswort				

6 Die vier Fälle des Nomens

Je nachdem, wie Nomen im Satz verwendet werden, verändern sie ihre Form. Diese verschiedenen Formen eines Nomens nennt man **Fälle**. Auch der Artikel (Begleiter) verändert sich.

1. Fall (Wer-Fall): **Der Hase** läuft über den Rasen.
2. Fall (Wessen-Fall): Das Fell **des Hasen** ist braun.
3. Fall (Wem-Fall): Mia gibt **dem Hasen** eine saftige Möhre.
4. Fall (Wen-Fall): Tim streichelt **den Hasen**.

Durch **Fragen** findest du heraus, in welchem Fall das Nomen steht:

1. Fall: **Wer-Fall** (Nominativ)	**Wer oder was?**	der Hase
2. Fall: **Wessen-Fall** (Genitiv)	**Wessen?**	des Hasen
3. Fall: **Wem-Fall** (Dativ)	**Wem?**	dem Hasen
4. Fall: **Wen-Fall** (Akkusativ)	**Wen oder was?**	den Hasen

7 Pronomen (Fürwörter)

→ **Pronomen** (Fürwörter) sind Wörter, die **für ein Nomen** stehen können. Pronomen werden **kleingeschrieben**.

Heute geht Lukas in den Garten.
Heute geht **er** in den Garten.

Wortarten

Pronomen machen einen Text **abwechslungsreicher**. Du kannst sie verwenden, um Wiederholungen zu vermeiden.

Tom hat Durst. **Er** trinkt ein Glas Apfelsaft. 

Pronomen können nicht nur für Personen, sondern auch für **Tiere**, **Pflanzen**, **Gegenstände**, **Gefühle**, **Gedanken** oder **Vorstellungen** stehen.

Da ist der Hund. Ich finde **ihn** so niedlich!

Sieh mal, die Tulpen! Wie schön **sie** blühen!

Ich habe ein Bild gemalt. Willst du **es** sehen? 

→ Es gibt zwei Arten von Pronomen: **Personalpronomen** (persönliche Fürwörter) und **Possessivpronomen** (besitzanzeigende Fürwörter).

Personalpronomen (persönliche Fürwörter) ersetzen Nomen. Daher können Personalpronomen wie Nomen in verschiedenen Fällen stehen. Der 2. Fall fehlt hier, weil er sehr ungebräuchlich ist.

So heißen die Personalpronomen im **Singular**:

Singular (Einzahl)	1. Person	2. Person	3. Person
1. Fall	ich	du	er, sie, es
3. Fall	mir	dir	ihm, ihr, ihm
4. Fall	mich	dich	ihn, sie, es

So heißen die Personalpronomen im **Plural**:

Plural (Mehrzahl)	1. Person	2. Person	3. Person
1. Fall	wir	ihr	sie
3. Fall	uns	euch	ihnen
4. Fall	uns	euch	sie

Possessivpronomen (besitzanzeigende Fürwörter) sagen dir, **wem** etwas **gehört**.

So heißen die Possessivpronomen:

	1. Person	2. Person	3. Person
Singular	mein	dein	sein, ihr, sein
Plural	unser	euer	ihr

Possessivpronomen stehen oft **vor einem Nomen**.

mein Auto, **dein** Auto, **sein** Auto, **ihr** Auto,
unser Auto, **euer** Auto, **ihr** Auto

Die Form des Possessivpronomens kann sich verändern.

mein Auto, **meines** Autos, **meinem** Auto

Wortarten

Verben (Tunwörter)

1 Was ist ein Verb?

→ **Verben** (Tunwörter) sagen, was jemand tut oder was geschieht.
Verben werden **kleingeschrieben**.

Felix **rennt**.  Es **regnet**. 

2 Der Infinitiv (Grundform)

→ Im **Infinitiv** (Grundform) enden alle Verben auf **-en** oder **-n**.

hüpf**en**  feier**n** 

Im Wörterbuch findest du ein Verb immer im Infintiv.

Der Infinitiv eines Verbs verrät nichts darüber, wer etwas tut oder wann etwas geschieht. Das zeigen dir nur die Personalformen und die Zeitformen der Verben.

→ vgl. S. 19 (Personalformen), S. 20/21 (Zeitformen)

3 Die Personalformen des Verbs

→ Verben haben einen **Stamm** und eine **Endung**. Je nachdem, wie ein Verb im Satz gebraucht wird, verändert sich die Endung. An der **Endung** des Verbs siehst du, **welche Person** in einem Satz etwas tut.

Ich schreib**e**.
Du schreib**st**.
Er schreib**t**.

So heißen die **Personalformen**:

	1. Person	2. Person	3. Person
Singular (Einzahl)	Ich flieg**e**.	Du flieg**st**.	Er flieg**t**. Sie flieg**t**. Es flieg**t**.
Plural (Mehrzahl)	Wir flieg**en**.	Ihr flieg**t**.	Sie flieg**en**.

Manchmal verändert sich nicht nur die Endung eines Verbs, sondern auch der Verbstamm. Diese Verben heißen **unregelmäßige Verben**.

essen: ich **e**sse – du **i**sst
fahren: ich f**a**hre – du f**ä**hrst
laufen: ich l**au**fe – er l**äu**ft

Ganz selten verändert sich sogar das ganze Wort.

sein: ich **bin** – ihr **seid**

4 Die Zeitformen des Verbs

Verben sagen dir nicht nur, wer etwas tut, sondern auch, **wann** er es tut.

→ Du verwendest das **Präsens** (Gegenwartsform), wenn etwas **jetzt** passiert oder **immer so ist**.

Ich **kaufe** mir ein Buch. 

Die Erde **dreht** sich. 

→ Das **Futur** (Zukunft) verwendest du, wenn etwas **später**, also in der **Zukunft**, geschehen wird. Um das Futur zu bilden, verwendest du das Hilfsverb **werden** und den **Infinitiv** des Verbs.

In den Ferien **werden** wir eine Sandburg **bauen**. 

Wenn etwas schon geschehen ist, fand es in der **Vergangenheit** statt.
Es gibt verschiedene Vergangenheitsformen:

→ Das **Präteritum** (Imperfekt, 1. Vergangenheit) sagt dir, dass ein Ereignis **schon geschehen ist**. Du verwendest diese Vergangenheitsform vor allem beim **Schreiben**.

Leos Klasse **fuhr** mit dem Bus in den Wildpark.
Die Kinder **entdeckten** dort viele Rehe.
Der Ausflug **gefiel** allen Kindern.

Du erkennst das Präteritum an der **Endung des Verbs** oder daran, dass sich der **Verbstamm** verändert.

ich suche – ich such**te**
ich fahre – ich f**uh**r
ich bringe – ich br**achte**

→ Auch das **Perfekt** (2. Vergangenheit) sagt dir, dass etwas **schon geschehen ist**. Diese Vergangenheitsform wird vor allem beim **Sprechen** verwendet.

Das Perfekt wird mit den Hilfsverben **sein** und **haben** gebildet.
Ein Verb im Perfekt hat immer **zwei Teile**.

Gestern **bin** ich in den Supermarkt **gegangen**.
Dort **habe** ich eine leckere Tafel Schokolade **gekauft**.
Danach **bin** ich gleich zu meiner Oma **gefahren** und **habe** ihr die Schokolade **geschenkt**.

5 Der Imperativ (Befehlsform)

→ Der **Imperativ** ist die **Befehlsform** des Verbs.

Mit dieser Verbform kannst du eine **Bitte**, eine **Aufforderung** oder einen **Befehl** aussprechen. Den Imperativ gibt es in der Du-Form, in der Wir-Form und in der Ihr-Form.

Komm doch mit ins Schwimmbad!
Fahren wir doch alle zusammen!
Vergesst eure Handtücher nicht!

Adjektive (Wiewörter)

1 Was ist ein Adjektiv?

→ **Adjektive** (Wiewörter, Eigenschaftswörter) sagen, **wie Menschen, Tiere, Pflanzen oder Dinge sind**. Sie beschreiben Nomen (Namenwörter) genauer. Adjektive werden **kleingeschrieben**.

Der Lutscher ist **süß**. 

Steht das Adjektiv **vor einem Nomen**, kann es sich verändern.

der laut**e** Wecker
ein laut**er** Wecker

das schnell**e** Ufo
ein schnell**es** Ufo

→ **Adjektive** sagen auch, **wie etwas geschieht oder getan wird**.
Sie beschreiben dann Verben genauer.

Mia fährt **schnell**.

Wörter mit den Nachsilben **-ig**, **-lich**, **-isch**, **-haft**, **-bar** und **-sam** sind immer Adjektive.

kuschel**ig**, glück**lich**, stürm**isch**, zauber**haft**,
wunder**bar**, lang**sam**

2 Steigerungsformen von Adjektiven

Um etwas zu **vergleichen**, kannst du Adjektive steigern:

Laura ist **hoch** gesprungen.
Pascal ist **höher** gesprungen.
Nina ist **am höchsten** gesprungen.

Grundform	**1. Steigerungsstufe** 1. Vergleichsstufe Höherstufe	**2. Steigerungsstufe** 2. Vergleichsstufe Höchststufe
weit	weiter	am weitesten
lustig	lustiger	am lustigsten
viel	mehr	am meisten
gut	besser	am besten

Um Dinge miteinander zu vergleichen, kannst du die beiden Formulierungen **so ... wie** und **... als** verwenden:

Der rote Stift ist **so lang wie** der blaue Stift.
Der gelbe Stift ist **kürzer als** der blaue Stift.

3 Zusammengesetzte Adjektive

Mit **Nomen** (Namenwörtern) kannst du neue zusammengesetzte Adjektive bilden.

Nomen	+	Adjektiv	=	Adjektiv
↓		↓		↓
der Zucker	+	süß	=	zuckersüß
die Kugel	+	rund	=	kugelrund

Oft kannst du Verbindungen aus einem Nomen und einem Adjektiv auch durch einen **Vergleich mit wie** ausdrücken.

zuckersüß = süß wie Zucker
kugelrund = rund wie eine Kugel
rabenschwarz = schwarz wie ein Rabe

Ein neues Adjektiv kann auch entstehen, wenn sich ein Adjektiv mit einem **Verb** (Tunwort) verbindet.

Verb	+	Adjektiv	=	Adjektiv
↓		↓		↓
reißen	+	fest	=	reißfest
bremsen	+	bereit	=	bremsbereit

Adjektive können sich auch mit einem anderen **Adjektiv** verbinden:

Adjektiv	+	Adjektiv	=	Adjektiv
↓		↓		↓
dunkel	+	grün	=	dunkelgrün
bitter	+	kalt	=	bitterkalt

Adverbien (Umstandswörter)

→ **Adverbien** (Umstandswörter) sagen etwas über die **Zeit**, den **Ort**, die **Art und Weise** oder den **Grund** eines Geschehens aus. Adverbien werden **kleingeschrieben**.

Luis will **morgen** in die Stadt gehen.
Dort will er sich ein neues T-Shirt kaufen.
Er freut sich **besonders** auf ein Eis aus seiner Lieblingseisdiele.
Deshalb hofft er auf sonniges Wetter.

Viele Adverbien enden mit einem **s**:

morgen**s**, abend**s**, mittwoch**s**, talwärt**s**, himmelwärt**s**.

Numerale (Zahlwörter)

→ **Numerale** (Zahlwörter) geben eine **Anzahl** oder eine **Menge** an. Du erfragst sie mit „**Wie viele?**" oder „**Wie viel?**". Numerale schreibst du **klein**.

Bestimmte Zahlwörter geben eine genaue Anzahl an.

drei Treffer der **vierte** Platz

Unbestimmte Zahlwörter geben eine ungenaue Anzahl an.

einige Tore **wenige** Treffer

Präpositionen (Verhältniswörter)

→ **Präpositionen** (Verhältniswörter) beschreiben eine Beziehung zwischen zwei Dingen. Sie machen Angaben zu einem Ort oder einem Zeitpunkt.

Jana setzt sich **auf** die Schaukel.
Sie will unbedingt noch **vor** dem Essen schaukeln.

Marek springt schnell **auf** das Trampolin.
Er will noch **vor** Lisa an der Reihe sein.

→ Präpositionen **verschmelzen** oft **mit dem Artikel** (Begleiter), vor dem sie stehen, zu einem Wort.

Der Pilz wächst **in dem** Wald.
Der Pilz wächst **im** Wald.

Der Frosch sitzt **an dem** Ufer.
Der Frosch sitzt **am** Ufer.

Konjunktionen (Bindewörter)

→ Mit **Konjunktionen** (Bindewörtern) kannst du Wortgruppen oder Sätze sinnvoll miteinander verbinden. Denke daran, dass vor **und** und **oder** kein Komma steht.

Wir wollen Birnen, Bananen **und** Äpfel einkaufen.

Lisa trinkt am liebsten Milch **oder** Kakao.

Ole braucht noch Mehl, **weil** er einen Kuchen backen will.

Konjunktionen helfen dir beim flüssigen Schreiben.
Du kannst zwei Sätze miteinander verbinden.

Emil lacht. Er freut sich.
Emil lacht, **weil** er sich freut.

Weitere Konjunktionen sind zum Beispiel **aber**, **dass**, **denn** und **obwohl**.

Erkan ist glücklich. Er hat eine Eins in Mathe.
Erkan ist glücklich, **denn** er hat eine Eins in Mathe.

Satzarten

Je nachdem, aus welchem Grund du einen Satz äußerst, verwendest du verschiedene **Satzarten**.

→ Diese **Satzarten** gibt es: Aussagesatz, Fragesatz, Ausrufesatz und Aufforderungssatz. Du erkennst sie an den **Satzschlusszeichen** Punkt, Fragezeichen und Ausrufezeichen.

Aussagesätze

→ Mit dem **Aussagesatz** kannst du etwas erzählen, berichten oder mitteilen. Er endet mit einem **Punkt**.

Die Sonne scheint**.**
Ich gehe jetzt in die Schule**.**

Fragesätze

→ Mit dem **Fragesatz** kannst du etwas erfragen, das du noch nicht weißt. Er endet mit einem **Fragezeichen**. Am Ende eines Fragesatzes hebt sich deine Stimme.

Wann hast du Geburtstag**?**

Steht **am Anfang** des Fragesatzes ein **Verb** (Tunwort), kann die Frage mit „**Ja**“ oder „**Nein**“ beantwortet werden.

Hast du einen Kaugummi für mich?

Am Anfang eines Fragesatzes kann auch ein **Fragewort** stehen. So kannst du ganz gezielt nachfragen, zum Beispiel nach einem Ort, nach einem Zeitpunkt oder nach einem Grund:

Wohin hast du das Geschenk gelegt?
Wann kommt der Zug an?
Warum hast du nicht angerufen?

Ausrufesätze und Aufforderungssätze

→ **Ausrufesätze** und **Aufforderungssätze** enden mit einem **Ausrufezeichen**.

Ein **Ausrufesatz** kann ausdrücken, dass sich jemand freut, dass sich jemand ärgert oder dass etwas Ungewöhnliches passiert.

Wunderbar, morgen beginnen die Ferien!
He, du hast dich vorgedrängelt!
Guck mal, das Lama spuckt!

Mit einem **Aufforderungssatz** oder Befehlssatz äußerst du einen **Wunsch**, eine **Bitte** oder einen **Befehl**.

Öffne bitte das Fenster!
Sei vorsichtig!

Satzglieder

→ Bestimmte Wortgruppen bleiben in einem Satz immer zusammen. Du kannst sie im Satz **umstellen**, ohne dass sich der Sinn des Satzes verändert. Solche Wortgruppen heißen **Satzglieder**. Ein Satzglied kann auch aus mehreren Wörtern bestehen.

Der Frosch sitzt auf dem Seerosenblatt.

Auf dem Seerosenblatt sitzt der Frosch.

Sitzt der Frosch auf dem Seerosenblatt?

Das Subjekt (Satzgegenstand)

→ Das **Subjekt** (Satzgegenstand) sagt dir, **wer** etwas tut. Du findest das Subjekt mit der Frage **Wer oder was?**.

Der Frosch sitzt auf dem Seerosenblatt.
Wer oder was sitzt auf dem Seerosenblatt? **Der Frosch**.

Das Subjekt kann aus einem **Nomen** (Namenwort), einem **Pronomen** (Fürwort) oder aus **mehreren Wörtern** bestehen.

Meistens ist das Subjekt ein **Nomen** (Namenwort). Das Nomen kann mit oder ohne Artikel (Begleiter) stehen.

Der Baum wirft seine Blätter ab.
Wer oder was wirft seine Blätter ab? Der Baum.

Oma bepflanzt das Blumenbeet.
Wer oder was bepflanzt das Blumenbeet? Oma.

Oft ist das Subjekt auch ein **Pronomen** (Fürwort).

Wir essen eine Pizza.
Wer oder was isst eine Pizza? Wir.

Das Subjekt kann auch aus **mehreren Wörtern** bestehen.

Die kleine Maus liebt Käse.
Wer oder was liebt Käse? Die kleine Maus.

Mein Bruder und ich fahren an den See.
Wer oder was fährt an den See? Mein Bruder und ich.

Das Subjekt kann auch in der Mitte des Satzes stehen.

Heute hat **Leon** Fußballtraining.
Wer oder was hat heute Fußballtraining? Leon.

Das Prädikat (Satzaussage)

→ Das **Prädikat** (Satzaussage) sagt dir, **was** jemand tut oder **was** geschieht. Nach dem Prädikat fragst du mit **Was tut jemand?** oder **Was geschieht?**.

Emma spielt auf dem Hof.
Was tut Emma**?** Sie **spielt**.

Heute regnet es.
Was geschieht? Es **regnet**.

Das Prädikat ist immer ein **Verb** (Tunwort). Seine Endung zeigt dir, wer in einem Satz etwas tut. → vgl. S. 19

Max lies**t** ein spannendes Buch.
Wir les**en** ein spannendes Buch.

Manchmal ist es nicht ganz leicht, das Prädikat eines Satzes zu finden, zum Beispiel wenn es sich um die Verben **haben** und **sein** handelt.

Ina hatte viel Spaß im Theater.
Was geschah? Ina **hatte** (viel Spaß).

Paul war von den Kostümen begeistert.
Was geschah? Paul **war** (begeistert).

Manchmal besteht das Prädikat auch aus **zwei Teilen**.

Felix kommt um 15 Uhr an.
Was tut Felix? Er **kommt an**.

Leila hat ein Bild gemalt.
Was hat Leila getan? Sie **hat gemalt**.

Marie wird am lautesten singen.
Was wird Marie tun? Sie **wird singen**.

Paul will Quartett spielen.
Was tut Paul? Er **will spielen**.

Das Objekt (Satzergänzung)

Mit **Objekten** (Satzergänzungen) kannst du einen Satz sinnvoll erweitern. Er wird dadurch aussagekräftiger.

Ich lese.
Ich lese **eine Zeitschrift**.

Ich schreibe.
Ich schreibe **meinem Brieffreund**.

Ich rufe an.
Ich rufe **meine Freundin Tine** an.

Satzglieder

Es gibt zwei Arten von Objekten: **Dativobjekte** und **Akkusativobjekte**.

→ Das **Dativobjekt** (Objekt im 3. Fall, Objekt im Wem-Fall) findest du mit der Frage **Wem?**.

Lena schreibt Oma.
Wem schreibt Lena**? Oma**.

Das Dativobjekt kann auch ein Pronomen (Fürwort) sein. Es kann auch aus mehreren Wörtern bestehen.

Wem schreibt Lena?

Lena schreibt **mir**.
Lena schreibt **ihren lieben Großeltern**.

→ Das **Akkusativobjekt** (Objekt im 4. Fall, Objekt im Wen-Fall) findest du mit der Frage **Wen oder was?**.

Lena liest ein Buch.
Wen oder was liest Lena**? Ein Buch**.

Das Akkusativobjekt kann ein Nomen (Namenwort) oder ein Pronomen (Fürwort) sein. Es kann auch aus mehreren Wörtern bestehen.

Wen ruft Lena an?

Lena ruft **Jessica** an.
Lena ruft **sie** an.
Lena ruft **ihre beste Freundin** an.

In einem Satz können auch beide Arten von Objekten vorkommen:

Subjekt	Prädikat	Dativobjekt	Akkusativobjekt
Nele	singt	dem Baby	ein Schlaflied.
Tom	schreibt	seinem Freund	eine SMS.
Nadja	malt	Sonja	ein Bild.

Adverbiale Bestimmungen

Manchmal möchtest du wissen, **wo** und **wann** etwas geschieht, **warum** es geschieht und **auf welche Art und Weise** es geschieht.

Um diese Angaben zu machen, gibt es noch weitere Satzglieder: die **adverbialen Bestimmungen**.

→ Es gibt **adverbiale Bestimmungen des Ortes**, **der Zeit**, **der Art und Weise** und **des Grundes**.

Satzglieder

→ Die **adverbiale Bestimmung des Ortes** (Ortsangabe) findest du mit den Fragen **Wo?**, **Woher?** und **Wohin?**.

Die Geschenke liegen unter dem Weihnachtsbaum.
Wo liegen die Geschenke?
Unter dem Weihnachtsbaum.

Die Gurke kommt aus unserem Garten.
Woher kommt die Gurke?
Aus unserem Garten.

Leonie fährt mit ihrer Mutter nach Paris.
Wohin fährt Leonie mit ihrer Mutter?
Nach Paris.

→ Die **adverbiale Bestimmung der Zeit** (Zeitangabe) findest du mit den Fragen **Wann?**, **Wie oft?**, **Wie lange?** und **Seit wann?**.

Lina darf in den Sommerferien nach Amerika fliegen.
Wann darf Lina nach Amerika fliegen?
In den Sommerferien.

Mark besucht seinen Opa einmal in der Woche.
Wie oft besucht Mark seinen Opa?
Einmal in der Woche.

Tom war zwei Stunden auf dem Tennisplatz.
Wie lange war Tom auf dem Tennisplatz?
Zwei Stunden.

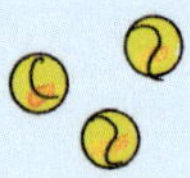

Seit drei Jahren hat Luis Gitarrenunterricht.
Seit wann hat Luis Gitarrenunterricht?
Seit drei Jahren.

→ Die **adverbiale Bestimmung der Art und Weise** findest du mit den Fragen **Wie?** und **Auf welche Art und Weise?**.

Mit grimmiger Miene steigt der Riese über Bäume und Sträucher.
Wie steigt der Riese über Bäume und Sträucher?
Mit grimmiger Miene.

Der Riese durchquert großen Schrittes den Zauberwald.
Auf welche Weise durchquert der Riese den Zauberwald?
Großen Schrittes.

→ Die **adverbiale Bestimmung des Grundes** findest du mit den Fragen **Warum?** oder **Weshalb?**.

Wegen der großen Hitze war heute früher Schulschluss.
Warum (**weshalb**) war heute früher Schulschluss?
Wegen der großen Hitze.

Rechtschreibung

Vokale (Selbstlaute) und Konsonanten (Mitlaute)

Unser Alphabet hat 26 Buchstaben. Wenn du einen Buchstaben aussprichst, erzeugst du einen **Laut**. Man unterscheidet dabei zwischen **Vokalen** (Selbstlauten) und **Konsonanten** (Mitlauten).

→ **Vokale** (Selbstlaute) klingen von alleine.

Sie heißen:
A / a, E / e, I / i, O / o, U / u.

Zu den Vokalen gehören auch die Umlaute **Ä / ä**, **Ö / ö** und **Ü / ü**.

→ **Konsonanten** (Mitlaute) brauchen zum Klingen einen Vokal.

Sie heißen:
B / b, C / c, D / d, F / f, G / g, H / h, J / j, K / k, L / l, M / m, N / n, P / p, Q / q, R / r, S / s, T / t, V / v, W / w, X / x, Y / y, Z / z.

Zu den Konsonanten gehört auch das Sonderzeichen **ß**.

→ Für manche Laute schreibst du zwei Buchstaben. Diese Laute nennt man **Doppellaute**.

Sie heißen:
Au / au, Äu / äu, Ai / ai, Ei / ei, Eu / eu.

Lange und kurze Vokale

Vokale (Selbstlaute) können **lang** oder **kurz** ausgesprochen werden. Sprich die Wörter laut und deutlich, dann hörst du den Unterschied.

langer Selbstlaut: H**o**se kurzer Selbstlaut: t**o**ll

Wörter mit **langem** Vokal sind oft lautgetreu. Du schreibst sie genau so, wie du sie sprichst. Ausnahmen sind das Dehnungs-h, Wörter mit doppelten Vokalen und Wörter mit ie.

→ Manchmal steht nach einem **lang** gesprochenen Vokal ein **Dehnungs-h**. Diese Wörter musst du dir merken, weil du das h nicht hören kannst.

fa**h**ren der Le**h**rer i**h**m das O**h**r die U**h**r

→ **Doppelte Vokale** sprichst du **lang** aus.

die H**aa**re der S**ee** das B**oo**t

Umlaute werden nicht verdoppelt.

die Härchen das Bötchen

→ Hörst du in einem Wort ein **lang** gesprochenes **i**, schreibst du meistens ein **ie**.

s**ie**ben das Sp**ie**l l**ie**b

Rechtschreibung

→ Auf einen **kurzen** Vokal folgen oft **doppelte Konsonanten** (Mitlaute).

das Schi**ff** schne**ll** bru**mm**en

→ Hörst du nach einem kurzen Vokal ein **k**, dann schreibst du **ck**.

die Ze**ck**e dru**ck**en e**ck**ig

→ Hörst du nach einem kurzen Vokal ein **z**, schreibst du meist **tz**.

der Spa**tz** pu**tz**en wi**tz**ig

Wörter mit e/ä, eu/äu, ei/ai

Die Buchstaben **e** und **ä** klingen in manchen Wörtern gleich. Auch bei den Doppellauten **eu** und **äu** und bei den Doppellauten **ei** und **ai** hörst du oft keinen Unterschied:

F**e**lder – W**ä**lder B**eu**le – Tr**äu**me M**ei**se – K**ai**ser

Du kannst nicht hören, welchen Buchstaben du schreiben musst. Oft kannst du es aber durch **Ableitungen** herausfinden.

→ Wenn es ein **verwandtes Wort** mit **a** oder **au** gibt, schreibst du **ä** oder **äu**.

der Schr**a**nk  – die Schr**ä**nke 

das H**au**s  – die H**äu**ser 

Einige Wörter mit **ä** oder **äu** haben keine verwandten Wörter, die dir weiterhelfen. Solche Wörter musst du dir merken.

der K**ä**se, der B**ä**r, der K**ä**fer, das M**ä**dchen

die S**äu**le, das Kn**äu**el

Es gibt nur wenige Wörter mit **ai**. Diese Wörter musst du dir merken.

der K**ai**ser, der M**ai**, der M**ai**s, das W**ai**senkind,
der H**ai**, die S**ai**te, der Brotl**ai**b

Gleich klingende Konsonanten im Auslaut

→ Ob ein Wort am Ende mit **b** oder **p**, **d** oder **t**, **g** oder **k** geschrieben wird, findest du heraus, indem du das Wort **verlängerst**.

der Hun**d**  – die Hun**d**e 

Es gibt verschiedene Möglichkeiten, Wörter zu verlängern:

Nomen kannst du in den **Plural** setzen.

der Kor**b** – die Kör**b**e

Bei Verben kannst du den **Infinitiv** (Grundform) bilden.

er ban**d** – bin**d**en

Adjektive kannst du **steigern**.

lusti**g** – lusti**g**er

Wörter mit s, ss und ß

Der **s-Laut** kann stimmhaft wie in **S**onne oder stimmlos wie in Hau**s** klingen.

→ Hörst du ein **stimmhaftes s**, schreibst du **s**.

die Rei**s**e

Achtung: Am Wortende klingt auch ein stimmhaftes **s** immer stimmlos. Verlängere deshalb das Wort, sodass der s-Laut in der Mitte steht.

das Hau**s** – die Häu**s**er

Bei einem stimmlosen **s** achtest du auf den Laut **vor** dem s-Laut. Er sagt dir, ob du **ß** oder **ss** schreibst.

→ Folgt der **stimmlose** s-Laut auf einen **langen Vokal** oder auf einen **Doppellaut**, so schreibst du meist ein **ß**.

der Fu**ß** – die Fü**ß**e

der Strau**ß** – die Sträu**ß**e

Folgt der **stimmlose** s-Laut dagegen auf einen **kurzen Vokal** oder auf einen **Umlaut**, so schreibst du meist **ss**.

der Flu**ss** – die Flü**ss**e

der Rü**ss**el – die Rü**ss**el

Groß- und Kleinschreibung

→ Den **Satzanfang**, also das erste Wort eines Satzes, schreibst du immer groß.

Am Strand baut Lina eine riesige Sandburg.
Das macht ihr sehr viel Spaß.

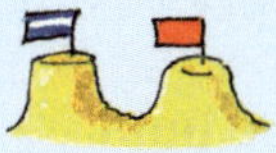

→ **Eigennamen** und **Nomen** (Namenwörter) werden immer großgeschrieben. Auch Namen von **Ländern**, **Städten** oder **Orten** sind Namenwörter und werden großgeschrieben.

Heute entdeckte **O**pa **E**mil im **G**arten einen **I**gel.

Toni kommt aus **Ö**sterreich. **N**ils wohnt in **B**erlin.

Manchmal werden Verben (Tunwörter) oder Adjektive (Wiewörter) zu Nomen, ohne dass sich das Wort verändert. Diese neu entstandenen Nomen schreibst du groß.

Du erkennst diese Nomen daran, dass sie einen **Artikel** (Begleiter) haben. Manchmal stehen auch Wörter wie **nichts**, **wenig**, **alles**, **viel**, **etwas**, **genug** oder **einiges** vor den Nomen.

Das Turnen macht Nina **viel F**reude.
Für sie gibt es **nichts S**chöneres.

Auch **zusammengesetzte Nomen** schreibst du immer groß.

Wo ist denn nur mein **S**chwimmreifen?

Rechtschreibung

→ Wenn du eine Person gut kennst, verwendest du die **vertrauliche Anrede du** und **ihr**. Die Anrede **du** und **ihr** sowie die dazugehörenden Formen **dich**, **dir**, **deine**, **euch**, **eure**, ... schreibst du klein.

In Briefen und E-Mails kannst du die Anrede **du** und **ihr** klein- oder großschreiben. Entscheide dich aber für eine einheitliche Schreibweise.

Lieber Tom,

wie geht es **Dir**? Hattest **Du** schöne Ferien? Hoffentlich konntest **Du Deine** neue Taucherbrille ausprobieren.

Viele liebe Grüße
Dein Lukas

→ Die **höfliche Anrede** verwendest du, wenn du jemanden nicht so gut kennst. Die Pronomen der höflichen Anrede heißen **Sie**, **Ihnen**, **Ihr**, **Ihre** und **Ihren**. Sie werden immer großgeschrieben.

Ich gratuliere **Ihnen** zum Geburtstag.
Feiern **Sie** ein großes Fest?

Worttrennung

→ **Zusammengesetzte Wörter** und **Wörter mit Vorsilben** kannst du nach ihren einzelnen **Bestandteilen** trennen.

das Renn-rad die Tor-wand der Vor-fall

→ Wörter mit mehreren Silben trennst du nach **Sprechsilben**.

der Ge-burts-tag die Ur-laubs-fahrt

→ Wörter mit **doppelten Konsonanten** (Mitlauten) trennst du immer **zwischen** den beiden Konsonanten.

die Spi**n-n**e bru**m-m**en

→ Die Buchstaben **sch**, **ch** und **ck** **bleiben** immer **zusammen**.

die Ta-**sch**e kra-**ch**en die Schne-**ck**e

→ Wörter mit **tz**, **st**, **sp** oder **pf** in der Mitte werden **zwischen** diesen Konsonanten getrennt.

ki**t-z**eln die Ki**s-t**e die Kno**s-p**e klo**p-f**en

→ Einen **einzelnen Buchstaben** darfst du **nicht** abtrennen.

die Amei-se der Ele-fant

Zeichensetzung

Satzschlusszeichen

Jeder Satz endet mit einem Satzschlusszeichen.

Du kennst verschiedene **Satzarten**: Aussagesatz, Fragesatz und Ausrufe- oder Aufforderungssatz. → vgl. S. 28 – 29
Sie enden mit unterschiedlichen Satzschlusszeichen.

→ **Aussagesätze** enden mit einem **Punkt**.

Kängurus sind meine Lieblingstiere**.**

→ **Fragesätze** enden mit einem **Fragezeichen**.

Findest du die Pinguine auch so lustig**?**

→ **Ausrufe-** und **Aufforderungssätze** enden mit einem **Ausrufezeichen**.

Wie flink die Affen sind**!**

Komm, wir gehen noch zu den Tigern**!**

Komma

Damit lange Sätze besser zu verstehen sind, werden sie **durch Kommas gegliedert**. Für das Setzen von Kommas gibt es ganz bestimmte Regeln.

→ Mit einem Komma trennst du **Anreden**, **Ausrufe**, **Aufzählungen** und **Nebensätze** ab.

Mit einem Komma trennst du eine **Anrede** ab.

Karla**,** gibst du mir bitte die Luftpumpe? 

Mit einem Komma trennst du einen **Ausruf** ab.

Puh**,** ist es heute heiß! 

Wenn du in einem Text etwas **aufzählst**, trennst du die einzelnen Wörter durch ein Komma ab. Aber Achtung: Vor **und** und **oder** steht kein Komma!

Im Schullandheim gibt es heute Tomatensuppe**,** Kartoffelauflauf und Milchreis. 

Möchtest du lieber Äpfel**,** Bananen oder Kiwis? 

Das Komma trennt Haupt- und **Nebensätze**. Nebensätze erkennst du daran, dass sie mit Konjunktionen (Bindewörtern) wie **wenn**, **aber**, **dass**, **als** oder **weil** beginnen.

Linus freut sich**, weil** er heute Fußballtraining hat. 

Wörtliche Rede

Ganz besonders wichtig ist die Zeichensetzung, wenn du ein **Gespräch** in wörtlicher Rede aufschreibst. Kennzeichne genau, **wer** etwas sagt und **was** diese Person sagt, damit der Leser deinen Text gut versteht.

→ Am **Anfang** einer wörtlichen Rede stehen **Anführungszeichen**.
Am **Ende** der wörtlichen Rede stehen **Schlusszeichen**.

„Hallo Lisa! Möchtest du mit uns Skateboard fahren?"
„Sehr gerne, ich bin in fünf Minuten fertig!"
„Gut, wir warten hier auf dich."

Zwischen Anführungs- und Schlusszeichen steht nur das, was jemand **sagt** oder **denkt**!

Bei einer wörtlichen Rede kann ein **Begleitsatz** stehen, der dem Leser erklärt, **wer** etwas sagt oder denkt. Dieser Begleitsatz kann **vor** oder **nach** der wörtlichen Rede stehen. Manchmal steht der Begleitsatz auch **zwischen** zwei Teilen einer wörtlichen Rede.

→ Steht der **Begleitsatz vor** der wörtlichen Rede, endet er mit einem **Doppelpunkt**.

Eva ruft begeistert: „Ich habe den Schatz gefunden!"
Ben fragt: „Wo liegt er denn?"
Eva antwortet: „Dort drüben, bei der alten Eiche."

➔ Steht der **Begleitsatz nach** der wörtlichen Rede, wird er mit einem **Komma** abgetrennt.

„Hast du meine Sportschuhe irgendwo gesehen?“**,**
fragt Sophie verzweifelt ihren kleinen Bruder.
„Schau doch mal im Flur!“**, ruft Sophies Bruder zurück**.

Bei einem Aussagesatz in wörtlicher Rede fällt der Punkt am Ende weg.

„Okay, ich gehe mal nachsehen“**, antwortet Sophie**.

➔ Steht der **Begleitsatz zwischen** zwei Teilen einer wörtlichen Rede, wird er durch **zwei Kommas** eingeschlossen.

„Du bist“**, sagt Sophie,** „mein allerbester Bruder.“

Texte schreiben: Erzählungen

Erzählungen

Es gibt viele verschiedene Textsorten, zum Beispiel Zeitungsartikel, Kochrezepte, Geschichten aus Lesebüchern oder Bastelanleitungen.

→ Ein Text, der eine **Geschichte** erzählt, heißt **Erzählung**.

Es gibt verschiedene Arten von Erzählungen: Erlebniserzählungen, Reizwortgeschichten, Nacherzählungen, Fantasiegeschichten und Bildergeschichten.

Jede Erzählung braucht eine **Überschrift**.

→ Die **Überschrift** einer Erzählung soll immer **kurz** sein und auf den Text **neugierig machen**. Sie darf aber auch **nicht zu viel verraten**.

Texte schreiben: Erzählungen

→ In der **Erzählkurve** siehst du den Aufbau einer Geschichte:

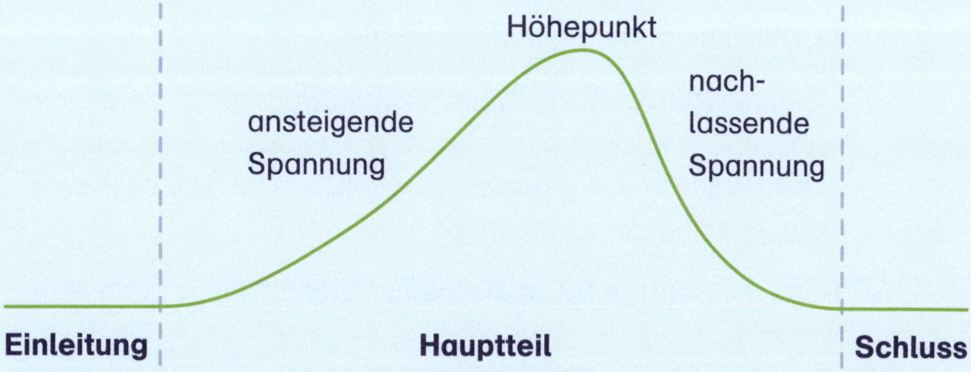

So baust du deine Erzählung richtig auf:

1. Die **Einleitung** führt in wenigen Sätzen in das Thema ein. Du stellst dem Leser kurz die Personen, den Ort und die Zeit vor.

2. Zu Beginn des **Hauptteils** steigt die Spannung an. Deine Erzählung wird immer spannender, bis sie ihren **Höhepunkt** erreicht.
   Nach dem Höhepunkt lässt du die Geschichte **ausklingen**. Beginne kein neues Erlebnis!

3. Der **Schluss** sollte kurz sein und deine Geschichte abrunden. Du kannst das Geschehen noch einmal kurz zusammenfassen oder einen Ausblick auf die Zukunft geben.

4. Kontrolliere am Ende deiner Geschichte noch einmal, ob die **Überschrift** gut zu deiner Geschichte passt.

Texte schreiben: Erzählungen

Tipps zum Schreiben einer Erzählung:

- ✓ Erzähle immer nur über **ein Erlebnis**.
- ✓ Halte die **Zeitform** ein. Schreibe im Präteritum (1. Vergangenheit, Imperfekt). Wenn du möchtest, kannst du am Höhepunkt in das Präsens (Gegenwart) wechseln, um deine Geschichte noch spannender zu machen.
- ✓ Halte die **richtige Reihenfolge** ein: Erzähle eines nach dem anderen.
- ✓ Beschreibe **alles Wichtige** ausführlich und lasse Unwichtiges weg.
- ✓ Benenne die Personen, den Ort und das Geschehen mit **treffenden Begriffen**. Nur so kann sich der Leser ein genaues Bild machen.
- ✓ Passende **Adjektive** (Wiewörter), **wörtliche Rede** und **Ausrufe** machen deine Erzählung **lebendig**. Beschreibe auch, was die Personen **denken** und **fühlen**, damit sich der Leser gut in sie hineinversetzen kann.
- ✓ Verwende viele **verschiedene Wörter** und beginne aufeinanderfolgende Sätze mit unterschiedlichen Wörtern. So wird deine Geschichte **abwechslungsreich**. Dabei können dir **Wortfelder** helfen.
- ✓ Achte darauf, Wörter aus **verschiedenen Wortarten** zu verwenden. Sie machen deine Geschichte interessanter.

Texte schreiben: Erzählungen

In einem **Wortfeld** sammelst du verschiedene Wörter mit einer ähnlichen Bedeutung. Um ein Wort nicht zu wiederholen, kannst du dann ein anderes Wort verwenden, das eine ähnliche Bedeutung hat.

Im Wortfeld **sagen** findest du zum Beispiel viele Wörter, die dieses Verb (Tunwort) genauer beschreiben:

reden
brüllen
schreien
herausplatzen
antworten
sprechen
erzählen
drohen
erwidern
rufen
vorschlagen
flüstern
fragen
behaupten
wispern
berichten
verraten

Du kannst auch für andere Wortarten ein Wortfeld erstellen, zum Beispiel für das Adjektiv (Wiewort) **dunkel**.

schwärzeste Nacht
kein Lichtschein
stockfinster
düster
die Hand vor Augen nicht sehen
tiefste Nacht

Texte schreiben: Erzählungen

Erlebniserzählungen

→ In einer **Erlebniserzählung** erzählst du von einem eigenen oder von einem fremden **Erlebnis**.

Von einem eigenen Erlebnis erzählst du in der **Ich-Form**. Ein fremdes Erlebnis kannst du in der **Er-Form** erzählen.

Das Erlebnis kann tatsächlich stattgefunden haben oder erfunden sein.

Bevor du anfängst zu schreiben, solltest du dir genau überlegen, was du erzählen möchtest.

Dazu gibt es zwei verschiedene Möglichkeiten: Du kannst eine **Stichpunktsammlung** anfertigen oder deine Ideen in einer **Mindmap** festhalten.

→ Bei einer **Stichpunktsammlung** stehen die Einzelheiten, die erzählt werden sollen, schon in der **richtigen Reihenfolge**.

- im Tenniscamp ankommen und auspacken
- erstes Training
- großer Schreck
- Tennisschläger nicht zu finden
- Anruf von zu Hause
- Tennisschläger im Kinderzimmer
- anderen Schläger ausleihen
- noch schöne Tage im Camp

→ Bei einer **Mindmap** gehst du dagegen von **einem zentralen Ereignis** aus. Dieses Ereignis stellst du in die Mitte. Davon ausgehend notierst du **Ideen** und **Einzelheiten**. Gibt es zu einem Gedanken noch weitere, dazu passende Gedanken, schreibst du sie in neue Abzweigungen.

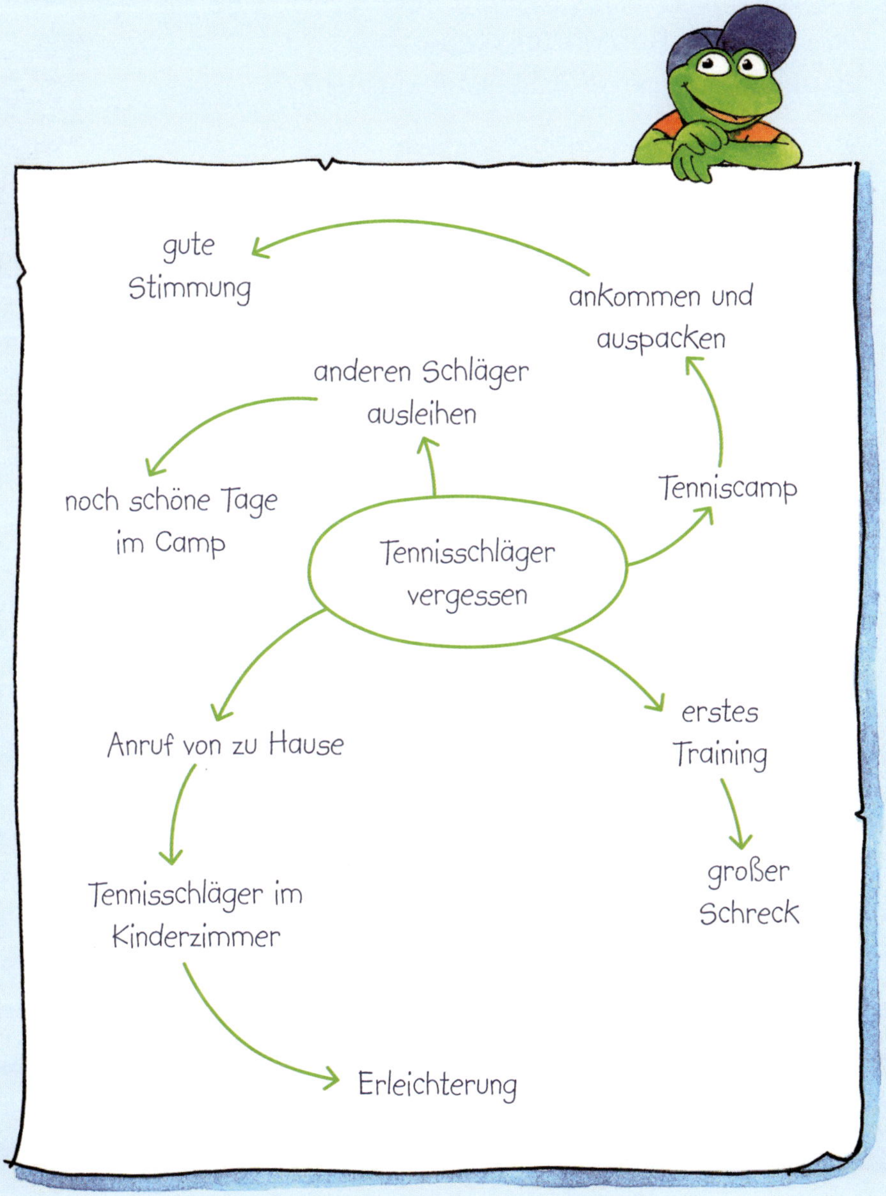

Texte schreiben: Erzählungen

Reizwortgeschichten

→ Bei einer **Reizwortgeschichte** sind verschiedene **Reizwörter** vorgegeben, zu denen du dir eine Geschichte ausdenkst.

Das könnten Reizwörter sein:

einkaufen Eis essen Schlüssel

Die Reizwörter müssen genau so in deiner Geschichte vorkommen. Die Reihenfolge der Begriffe kannst du aber selbst bestimmen.

Beim Schreiben einer Reizwortgeschichte darfst du vieles selbst entscheiden:

- Ist es eine lustige oder eine traurige Geschichte?
- Wie viele Personen kommen vor?
- Schreibst du in der Ich-Form oder in der Er-Form?
- Ist die Geschichte wirklich so passiert oder ist sie erfunden?
- Wo und wann spielt die Geschichte?

Eine **Ideensammlung in Stichpunkten** oder eine **Mindmap** hilft dir, den Überblick zu behalten und in der richtigen Reihenfolge zu erzählen.
→ vgl. S. 54 – 55

Achte darauf, die **Erzählkurve** einzuhalten. → vgl. S. 51

Nacherzählungen

→ Bei einer Nacherzählung erzählst du eine Geschichte, ein Märchen, eine Fabel oder einen Witz **mit eigenen Worten** nach.

Tipps zum Verfassen einer Nacherzählung:

- ✓ Achte auf die **richtige Reihenfolge** der Ereignisse.
- ✓ Erwähne alle **wichtigen Einzelheiten**.
- ✓ Benutze deine **eigenen Worte**.
- ✓ Schreibe nur auf, was wirklich vorkam. **Erfinde nichts** hinzu!
- ✓ Notiere dir beim Lesen oder Vorlesen der Geschichte schon **Stichpunkte**. Dann fällt dir das Nacherzählen später leichter.

Fantasiegeschichten

→ In einer Fantasiegeschichte kommen Personen, Tiere oder Gegenstände vor, die es **in der Wirklichkeit nicht gibt**. Es geschehen Dinge, die so eigentlich nicht geschehen können.

In einer Fantasiegeschichte kann es die lustigsten Dinge geben: kleine grüne Monster auf dem Schulhof oder Fahrrad fahrende Kühe.

Texte schreiben: Erzählungen

Tipps zum Schreiben einer Fantasiegeschichte:

- ✓ Verwende viele **Adjektive** und **wörtliche Rede**, damit sich der Leser die Fantasiewelt gut vorstellen kann.
- ✓ Überlege dir genau, **wann** deine Fantasiegeschichte spielt: in der Gegenwart, in der Vergangenheit oder in der Zukunft?
- ✓ Halte beim Schreiben die **Erzählkurve** ein. → vgl. S. 51

Bildergeschichten

→ Bei einer **Bildergeschichte** schreibst du **zu mehreren Bildern** eine eigene, **zusammenhängende** Geschichte.

Texte schreiben: Erzählungen

Tipps zum Schreiben einer Bildergeschichte:

- ✓ **Sieh** dir zunächst **genau an**, was auf den Bildern zu sehen ist.
- ✓ Überlege, wie die Bilder **zusammenhängen**.
- ✓ Denke auch daran, was **zwischen** den Bildern geschehen ist.
- ✓ Überlege dir, **welche Person** deine Geschichte erzählen soll. Nimm die Sichtweise dieser Person ein.
- ✓ Halte beim Schreiben die **Erzählkurve** ein. → vgl. S. 51
- ✓ Gestalte deine Geschichte so **anschaulich** und **abwechslungsreich** wie möglich.
- ✓ Verwende **treffende Nomen** (Namenwörter), **Verben** (Tunwörter) und **Adjektive** (Wiewörter), **wörtliche Rede** und **Ausrufe**. So kann sich der Leser die Geschichte am besten vorstellen.

! Wenn du zwischen den Bildern genügend Platz hast, notiere dort, was zwischen den Bildern passiert. So fällt es dir leichter, eine zusammenhängende Geschichte zu schreiben.

Texte schreiben: Sachtexte

→ Mit einem **Sachtext** (Anleitung, Beschreibung, Bericht) **informierst** du den Leser **kurz** und **sachlich**. Konzentriere dich auf das **Wichtige**. Gefühle, Meinungen, Ausrufe, schmückende Adjektive und wörtliche Rede passen daher nicht in einen Sachtext.

Anleitungen

→ Eine **Anleitung** beschreibt genau, welche **Arbeitsschritte** notwendig sind, um etwas zu basteln, zu bauen oder zu kochen.

Tipps zum Verfassen einer Anleitung:

- ✓ Schreibe im **Präsens** (Gegenwart).
- ✓ Halte die **zeitliche Reihenfolge** der einzelnen Arbeitsschritte immer genau ein. Nur so kann der Leser deine Anleitung gut nachvollziehen.
- ✓ Beschreibe nur, was **wichtig** ist.
- ✓ Versuche, durch **treffende Verben** (Tunwörter) möglichst genau auszudrücken, was zu tun ist.
- ✓ Schreibe **kurz** und **knapp**. Verzichte auf wörtliche Rede, Ausrufe oder schmückende Adjektive (Wiewörter).

Texte schreiben: Sachtexte

Beschreibungen

→ Mit einer **Beschreibung** möchtest du erreichen, dass sich der Leser eine Person, ein Tier oder einen Gegenstand **genau vorstellen kann**.

Tipps zum Verfassen einer Beschreibung:

- ✓ Schreibe im **Präsens** (Gegenwart).
- ✓ Sage über den Gegenstand oder die Person nur das, was **nötig** ist, um sich den Gegenstand oder die Person vorzustellen.
- ✓ Versuche, mit **passenden Wörtern** treffend zu beschreiben.

Berichte

→ In einem **Bericht** schreibst du alles **Wichtige** über ein **vergangenes Ereignis**, zum Beispiel einen Unfall.

Tipps zum Schreiben eines Berichts:

- ✓ Schreibe im **Präteritum** (1. Vergangenheit, Imperfekt).
- ✓ **W-Fragen** helfen dir, an alles Wichtige zu denken: Was ist wann wo wem geschehen?
- ✓ Gefühle oder Meinungen gehören nicht in einen Bericht. Schreibe nur **kurz** und **sachlich**, was geschehen ist. Erfinde nichts hinzu.
- ✓ Achte auf die **richtige Reihenfolge** der Geschehnisse.

Texte lesen: Besondere Erzählformen

Märchen

→ Ein **Märchen** ist eine **Erzählung** über längst **vergangene** Begebenheiten. Es geschehen Dinge, die mit der Wirklichkeit nichts zu tun haben.

Märchen gibt es schon sehr lange. Zunächst wurden sie nur **mündlich** weitererzählt. Vor etwa 200 Jahren schrieben die Gebrüder Grimm dann viele Märchen auf. Diese Märchen kennen wir bis heute. Es gibt aber auch moderne Märchen, die erst später entstanden.

Tipps zum Erkennen eines Märchens:

✓ Märchen spielen vor langer Zeit. Sie **beginnen** daher oft **mit bestimmten Wendungen**.

Es war einmal ...
Vor langer, langer Zeit ...

✓ In Märchen gibt es **fantastische** Figuren, Orte und Dinge.

Zauberer, Hexen, Feen, ...
Zauberschlösser, Zauberstäbe, ...

✓ Eine Figur in einem Märchen ist immer entweder **gut** oder **böse**. Am Ende siegt stets das Gute.

✓ Die Zahlen **3**, **7** und **12** kommen häufig vor.

3 Wünsche, 7 Zwerge, 12 gute Feen, ...

✓ Es kommen oft **Sprichwörter** und **Zauberformeln** vor, die sich häufig wiederholen.

Rapunzel, Rapunzel,
lass dein Haar herunter.

✓ Märchen **enden** oft mit bestimmten Sätzen.

Und wenn sie nicht gestorben sind,
dann leben sie noch heute.

Fabeln

→ Eine **Fabel** ist eine kurze Geschichte über **Tiere**, die sich wie Menschen verhalten. Fabeln werden erzählt, um aus dem Beispiel der Tiere eine Lehre für die Menschen zu ziehen. Fabeln gibt es schon seit vielen Jahrhunderten.

Tipps zum Erkennen einer Fabel:

✓ **Tiere** handeln, denken und fühlen wie Menschen.

✓ Einigen Tieren werden **bestimmte Eigenschaften** zugeschrieben.

der schlaue Fuchs   der dumme Esel   die sture Ziege

✓ Die Tiere sind oft Gegner und führen **Streitgespräche** miteinander.

✓ Im letzten Satz wird meist noch einmal gesagt, was wir aus der Fabel **lernen** sollen.

Texte lesen: Besondere Erzählformen

Sagen

→ Eine **Sage** ist eine mündlich weitergegebene Erzählung über unglaubliche Begebenheiten in der Vergangenheit. Eine Sage hat aber immer einen **wahren Kern**.

Wenn **seltsame Dinge** passierten, die sich die Menschen nicht erklären konnten, erfanden sie eine Geschichte und erzählten sie immer weiter. Jeder neue Erzähler schmückte die Geschichte mit seiner Fantasie aus und veränderte sie leicht. Diese Geschichten nennt man Sagen.

Tipps zum Erkennen einer Sage:

- ✓ Sagen handeln von **unglaublichen** Begebenheiten, die schon **lange zurückliegen**.
- ✓ Es wird allerdings genau angegeben, **wann** und **wo** sich die Geschichte ereignete, zum Beispiel an einem bestimmten Fluss oder in einem bestimmten Gebirge.
- ✓ Eine Sage hat keinen bestimmten Verfasser, da sie nur mündlich weitererzählt wurde.

Gedichte

➔ Ein **Gedicht** ist ein Text in einer bestimmten **Form**.

Meistens besteht ein Gedicht aus mehreren **Gedichtzeilen** (**Verse**).
Am Ende der Verse stehen oft Wörter, die sich **reimen**.

Mehrere Verse bilden zusammen eine **Strophe**.

Strophe →

Frösche hüpfen hin und **her**, ← Vers
das fällt ihnen gar nicht **schwer**.
Abends dann zu später **Stunde**
quaken sie in froher **Runde**.

Es gibt viele verschiedene **Arten** von Gedichten:
Gedichte können lustig oder traurig sein. Gedichte können lang oder kurz sein. Ein Gedicht kann eine Geschichte erzählen oder ein Gefühl beschreiben. Es gibt auch Gedichte zu bestimmten Jahreszeiten.

➔ Wenn du ein Gedicht **mit Betonung vorlesen** willst, lies es dir erst leise durch, damit du verstehst, worum es geht. Übe dann, den Text mit Betonung der wichtigen Wörter vorzulesen.

Mathematik

Unser Zahlensystem

→ Mit **Zahlen** kannst du **Mengen** einfacher und schneller darstellen.

0	○○○○○○○○○○
1	●○○○○○○○○○
2	●●○○○○○○○○
3	●●●○○○○○○○
4	●●●●○○○○○○
5	●●●●●○○○○○
6	●●●●●●○○○○
7	●●●●●●●○○○
8	●●●●●●●●○○
9	●●●●●●●●●○
10	●●●●●●●●●●

→ In unserem **Zahlensystem** kannst du immer **10** zu einer größeren Einheit bündeln.

10 Einer (E) ⟶ 1 Zehner (Z)

10 Zehner (Z) ⟶ 1 Hunderter (H)

10 Hunderter (H) ⟶ 1 Tausender (T)

10 Tausender (T) ⟶ 1 Zehntausender (ZT)

10 Zehntausender (ZT) ⟶ 1 Hunderttausender (HT)

10 Hunderttausender (HT) ⟶ 1 Million (M)

!

So bauen sich die großen Zahlen auf:

Zehner (Z):	$1 \cdot 10 = 10$
Hunderter (H):	$1 \cdot 10 \cdot 10 = 100$
Tausender (T):	$1 \cdot 10 \cdot 10 \cdot 10 = 1000$
Zehntausender (ZT):	$1 \cdot 10 \cdot 10 \cdot 10 \cdot 10 = 10000$
Hunderttausender (HT):	$1 \cdot 10 \cdot 10 \cdot 10 \cdot 10 \cdot 10 = 100000$
Million (M):	$1 \cdot 10 \cdot 10 \cdot 10 \cdot 10 \cdot 10 \cdot 10 = 1000000$

Zahldarstellungen

1 Die Stellenwerttafel

→ Du kannst jede Zahl zerlegen und in eine **Stellenwerttafel** eintragen.

1 M 5 HT 6 ZT 0 T 4 H 8 Z 1 E =
1 000 000 + 500 000 + 60 000 + 400 + 80 + 1 = 1 560 481

M	HT	ZT	T	H	Z	E
1	5	6	0	4	8	1

In der Stellenwerttafel darf keine Spalte frei bleiben. Wenn eine Zahl in einer Spalte keinen Wert hat, schreibst du eine Null.

2 Die Hundertertafel

In der **Hundertertafel** werden die Zahlen von **1 bis 100** dargestellt.

+1 →

1	2	3	4	5	6	7	8	9	10
11	12	13	14	15	16	17	18	19	20
21	22	23	24	25	26	27	28	29	30
31	32	33	34	35	36	37	38	39	40
41	42	43	44	45	46	47	48	49	50
51	52	53	54	55	56	57	58	59	60
61	62	63	64	65	66	67	68	69	70
71	72	73	74	75	76	77	78	79	80
81	82	83	84	85	86	87	88	89	90
91	92	93	94	95	96	97	98	99	100

+10 ↓

Alle Zahlen, die **nebeneinander** stehen, werden von links nach rechts **um 1 größer**.

Alle Zahlen, die **untereinander** stehen, werden von oben nach unten **um 10 größer**.

3 Der Zahlenstrahl

Du kannst Zahlen auf einem **Zahlenstrahl** anordnen. Jede Zahl hat auf dem Zahlenstrahl ihren festen Platz.

Sieh dir einen Zahlenstrahl immer erst genau an. Achte darauf, ob er in Einer-, Zehner- oder Hunderterschritten aufgebaut ist.

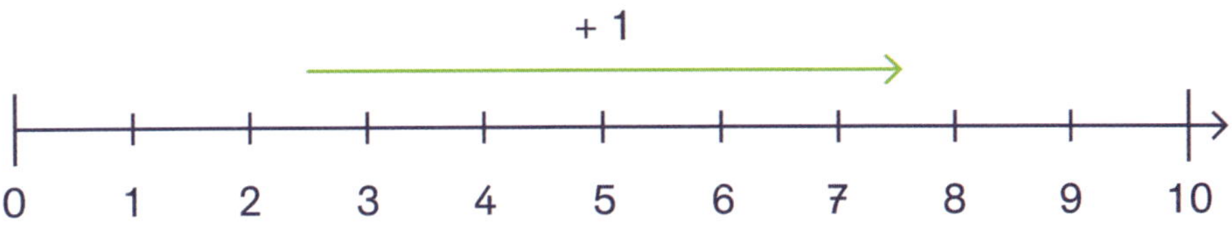

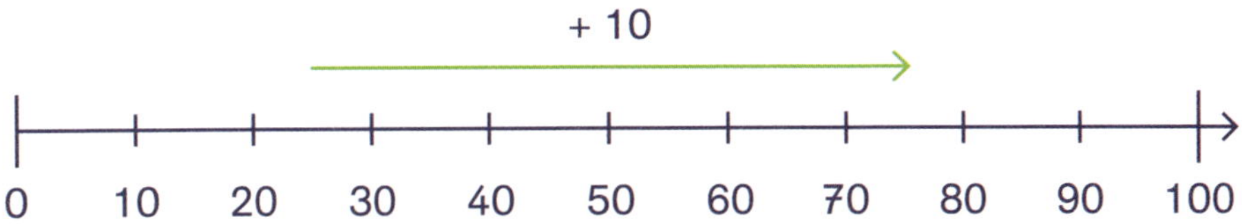

Nachbarzahlen

Jede Zahl hat zwei **Nachbarzahlen**: einen **Vorgänger** und einen **Nachfolger**.

Die Zahl 356 ist der **Vorgänger** der Zahl 357.
Die Zahl 358 ist der **Nachfolger** der Zahl 357.

Du kannst auch den **Nachbarzehner**, **-hunderter**, **-tausender**, **-zehntausender** oder **-hunderttausender** einer Zahl bestimmen.

Nachbarzehner: **10** ⟵ 14 ⟶ **20**

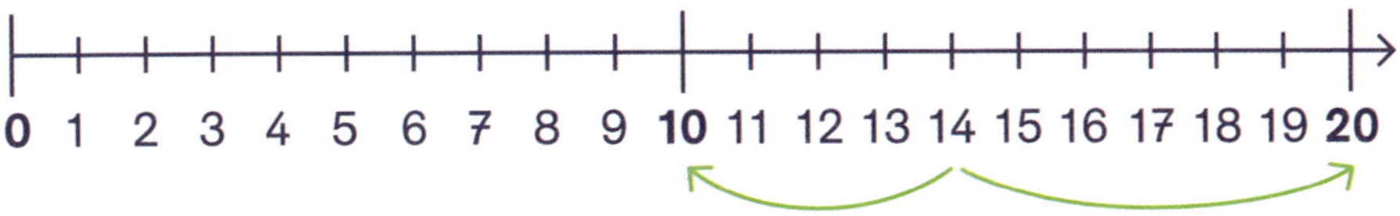

Nachbarhunderter:	**265 300**	⟵	265 364	⟶	**265 400**
Nachbartausender:	**265 000**	⟵	265 364	⟶	**266 000**
Nachbarzehntausender:	**260 000**	⟵	265 364	⟶	**270 000**
Nachbarhunderttausender:	**200 000**	⟵	265 364	⟶	**300 000**

Gerade und ungerade Zahlen

→ Eine **gerade Zahl** kannst du **ohne Rest** durch 2 teilen.
Eine **ungerade Zahl** kannst du nur **mit Rest** durch 2 teilen.

Die **geraden Zahlen bis 10** heißen: 2, 4, 6, 8, 10.
Auch die Zahl **0** gehört zu den geraden Zahlen.

Die **ungeraden Zahlen bis 10** heißen: 1, 3, 5, 7, 9.

Sieh dir bei **größeren Zahlen** immer die **letzte Ziffer** an. Sie verrät dir, ob die Zahl gerade oder ungerade ist.

Alle Zahlen, deren letzte Ziffer gerade ist, sind gerade Zahlen.

57**2** → 2 ist eine gerade Zahl. → 572 ist eine gerade Zahl.

Alle Zahlen, deren letzte Ziffer ungerade ist, sind ungerade Zahlen.

4**3** → 3 ist eine ungerade Zahl. → 43 ist eine ungerade Zahl.

Primzahlen

➔ Eine **Primzahl** ist nur **durch 1** und **durch sich selbst** ohne Rest teilbar.

Die ersten Primzahlen heißen 2, 3, 5, 7, 11, 13, 17, ...

3 : 1 = 3   3 : 3 = 1
17 : 1 = 17   17 : 17 = 1

Quadratzahlen

➔ Eine **Quadratzahl** erhältst du, wenn du eine Zahl mit sich selbst multiplizierst.

Die ersten Quadratzahlen heißen:

1	4	9	16	25
1 · 1	2 · 2	3 · 3	4 · 4	5 · 5

Zahlen zerlegen

→ Zahlen lassen sich auf unterschiedliche Arten **zerlegen**. Du kannst dir Zerlegungen am besten mit einer Schüttelbox vorstellen. Wenn du sie schüttelst, verteilen sich die Kugeln beliebig auf beide Seiten.

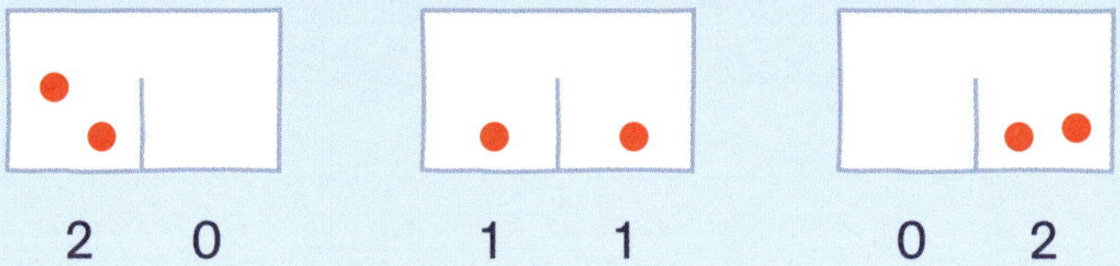

! Merke dir die möglichen **Zerlegungen** der Zahl **10**. Das hilft dir beim Rechnen mit Zehnerübergang!

10	10	10	10	10	10
↙↘	↙↘	↙↘	↙↘	↙↘	↙↘
10 + 0	9 + 1	8 + 2	7 + 3	6 + 4	5 + 5

Mehrstellige Zahlen kannst du in ihre Stellenwerte zerlegen.

12 578 = 10 000 + 2 000 + 500 + 70 + 8
385 241 = 300 000 + 80 000 + 5 000 + 200 + 40 + 1

Zahlen runden

→ Zahlen kannst du **runden**. Du erhältst dann eine **ungefähre** Angabe. Achte beim Runden immer auf die Ziffer, die hinter der zu rundenden Stelle steht.

0, **1**, **2**, **3**, **4**: Du rundest ab. **5**, **6**, **7**, **8**, **9**: Du rundest auf.

Vor eine gerundete Zahl setzt du das **Rundungszeichen**.

234 ≈ 200

Du kannst Zahlen auf verschiedene Stellen runden.

714 581 ≈ ?

Rundest du **auf den Zehner**, achte auf die Einerstelle.

↓
714 581 gerundet auf den Zehner: ≈ 714 580

Die Zahl hat 1 Einer. Du rundest **ab**.

Rundest du **auf den Hunderter**, achte auf die Zehnerstelle.

↓
714 581 gerundet auf den Hunderter: ≈ 714 600

Die Zahl hat 8 Zehner. Du rundest **auf**.

Rundest du **auf den Tausender**, achte auf die Hunderterstelle.

↓

714 581 gerundet auf den Tausender: ≈ 715 000

Die Zahl hat **5** Hunderter. Du rundest **auf**.

Rundest du **auf den Zehntausender**, achte auf die Tausenderstelle.

↓

714 581 gerundet auf den Zehntausender: ≈ 710 000

Die Zahl hat **4** Tausender. Du rundest **ab**.

Rundest du **auf den Hunderttausender**, achte auf die Zehntausenderstelle.

↓

714 581 gerundet auf den Hunderttausender: ≈ 700 000

Die Zahl hat **1** Zehntausender. Du rundest **ab**.

Römische Zahlen

Vor 2 000 Jahren benutzten die Römer andere Zahlzeichen als wir heute. Du findest römische Zahlen oft noch an alten Gebäuden oder auf dem Zifferblatt einer Uhr.

Die römischen Zahlen werden aus sieben verschiedenen **Buchstaben** zusammengesetzt. Jeder Buchstabe hat einen bestimmten Wert:

I	V	X	L	C	D	M
1	5	10	50	100	500	1 000

Wenn der Wert der Zeichen von links nach rechts **kleiner** wird, **zählst** du sie **zusammen**.

VI = 5 + 1 = 6
LX = 50 + 10 = 60
XV = 10 + 5 = 15

Wenn der Wert der Zeichen von links nach rechts **größer** wird, **ziehst** du sie voneinander **ab**.

IV = 5 − 1 = 4
XL = 50 − 10 = 40
IX = 10 − 1 = 9

So können auch **größere Zahlen** gebildet werden:

CXVI = 100 + 10 + 5 + 1 = 116
CXIV = 100 + 10 + 5 − 1 = 114
DLXXX = 500 + 50 + 10 + 10 + 10 = 580
DCCV = 500 + 100 + 100 + 5 = 705

Tabellen, Diagramme und Schaubilder

→ Eine **Tabelle** hilft dir, wenn du viele Zahlen auf einen Blick sehen willst. So kannst du schnell Informationen entnehmen.

Was wird in der Pause am meisten verkauft?

	Saft	Milch	Brezel	Banane	Apfel
Anzahl	56	28	52	89	62

Besonders anschaulich kannst du Zahlen in **Diagrammen** darstellen.

→ In einem **Säulendiagramm** kannst du an der **Höhe** der Balken erkennen, wie groß die Zahlen sind.

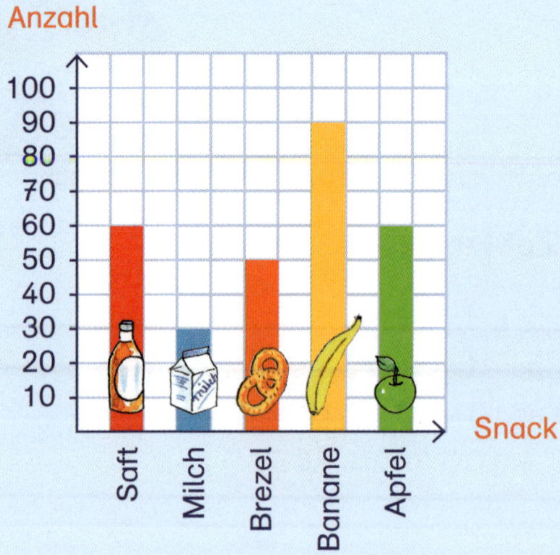

→ Für deine Darstellung kannst du auch ein **Balkendiagramm** (**Streifendiagramm**) verwenden. Hier liest du an der **Länge** der Balken ab, wie groß die Zahlen sind.

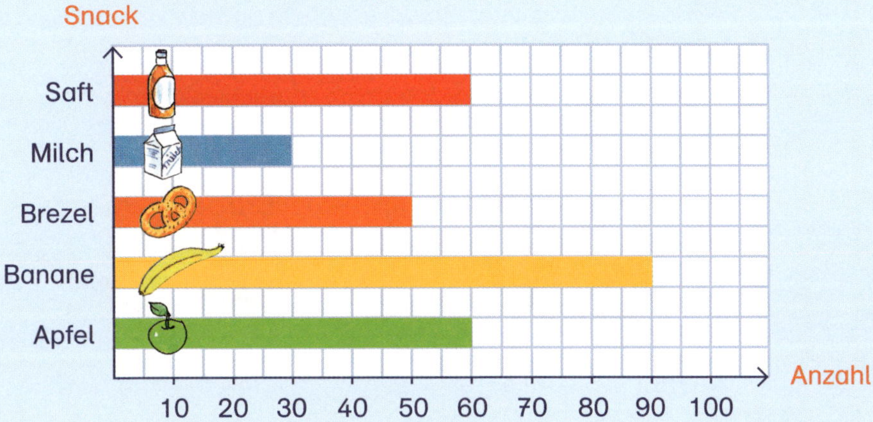

Zahlen

→ Du kannst Zahlen auch in einem **Schaubild** darstellen. Anzahlen können hier mit verschiedenen **Zeichen** dargestellt werden.

 steht für 50 Schüler.

 steht für 20 Schüler.

 steht für 10 Schüler.

	Saft	Milch	Brezel	Banane	Apfel

Anzahl					

Die vier Grundrechenarten

→ Das **Plusrechnen** nennt man auch **Addition**. Bei Plusaufgaben wird etwas **hinzugefügt** (**addiert**).

Summand	+	Summand	=	Summe
↓		↓		↓
5	+	4	=	9

→ Das **Minusrechnen** nennt man auch **Subtraktion**. Bei Minusaufgaben wird von einer Menge etwas **weggenommen** (**subtrahiert**).

Minuend	–	Subtrahend	=	Differenz
↓		↓		↓
6	–	2	=	4

→ Das **Malnehmen** nennt man auch **Multiplikation**.

Faktor	·	Faktor	=	Produkt
↓		↓		↓
2	·	3	=	6

Die **Vielfachen** einer Zahl sind alle Zahlen aus ihrer Einmaleinsreihe.

Vielfache der Zahl 8 sind 8, 16, 24, 32, 40, 48, ...

Rechnen

→ Das **Teilen** nennt man auch **Division**.

Dividend	:	Divisor	=	Quotient
↓		↓		↓
8	:	2	=	4

Die Zahlen, durch die eine Zahl ohne Rest teilbar ist, heißen **Teiler**.

Die Zahl **20** hat die Teiler **1**, **2**, **4**, **5**, **10** und **20**.

Tauschaufgaben

→ Bei **Plusaufgaben** (Addition) und **Malaufgaben** (Multiplikation) kannst du eine **Tauschaufgabe** bilden. Das Ergebnis bleibt dabei gleich.

$3 + 6 = 9$

$6 + 3 = 9$

$4 \cdot 3 = 12$

$3 \cdot 4 = 12$

Umkehraufgaben

→ Zu jeder **Minusaufgabe** kannst du eine **Plusaufgabe** bilden. Mit dieser **Umkehraufgabe** kannst du dein Ergebnis überprüfen.

Aufgabe: 6 − 2 = 4

Umkehraufgabe: 4 + 2 = 6

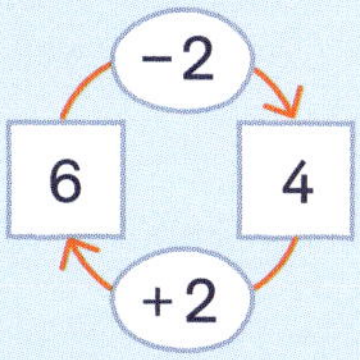

Du kannst auch zu jeder Plusaufgabe eine Minusaufgabe bilden.

Aufgabe: 4 + 2 = 6

Umkehraufgabe: 6 − 2 = 4

→ Zu jeder **Geteiltaufgabe** kannst du als **Umkehraufgabe** eine passende **Malaufgabe** bilden.

Aufgabe: 8 : 2 = 4

Umkehraufgabe: 4 · 2 = 8

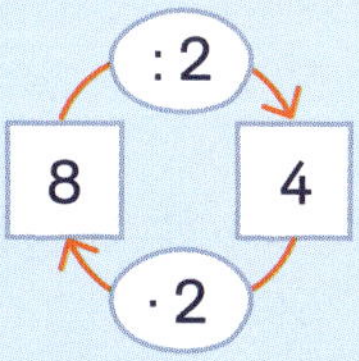

Auch zu Geteiltaufgaben **mit Rest** gibt es eine Umkehraufgabe.

Aufgabe: 9 : 2 = 4 Rest 1

Umkehraufgabe: 4 · 2 = 8 8 + 1 = 9

Du kannst auch zu jeder Malaufgabe eine Geteiltaufgabe bilden.

Aufgabe: 4 · 2 = 8

Umkehraufgabe: 8 : 2 = 4

Kernaufgaben

→ **Kernaufgaben** sind alle Malaufgaben mit dem Faktor **1**, **2**, **5** und **10**.
Du kannst jede Einmaleinsaufgabe in Kernaufgaben zerlegen.

3 · 3 = **2** · 3 + **1** · 3   **7** · 3 = **5** · 3 + **2** · 3

Nullaufgaben

Addierst du die **Null** (0) zu einer Zahl oder **subtrahierst** du die **Null** (0) von einer Zahl, **bleibt diese Zahl gleich**.

5 + 0 = 5   5 − 0 = 5

Multiplizierst du eine Zahl mit **Null** (0), ist das **Ergebnis** immer **0**.

5 · 0 = 0   0 · 5 = 0

Dividierst du die **Null** (0) durch eine Zahl, ist das **Ergebnis** immer **0**.

0 : 5 = 0

Wichtige Rechenregeln

! Achtung: Du darfst eine Zahl nie durch **Null** (0) dividieren!

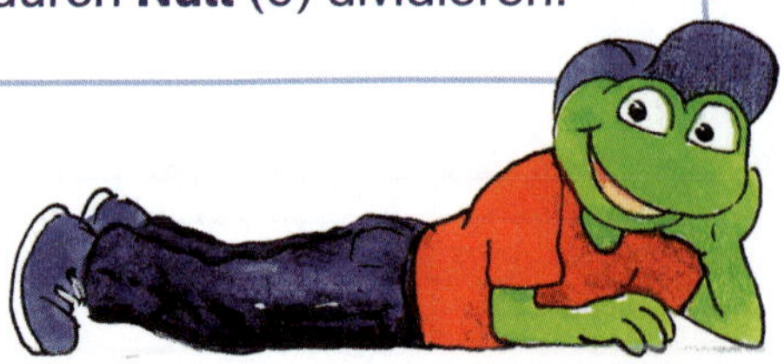

→ **Punkt vor Strich:** Rechne immer zuerst die Punktrechnungen (· oder :) und dann erst die Strichrechnungen (+ oder –).

$6 \cdot 5 + 20 =$
$30 + 20 = 50$

$12 : 3 + 10 =$
$4 + 10 = 14$

→ Was in **Klammern** steht, rechnest du **zuerst**.

$(2 + 7) \cdot 3 =$
$9 \cdot 3 = 27$

$30 : (9 - 6) =$
$30 : 3 = 10$

Halbschriftliche Addition

→ Große Zahlen kannst du **halbschriftlich addieren**.

1. Möglichkeit:
Du zerlegst die zweite Zahl und addierst Schritt für Schritt.

3	7	6	+	5	8	2	=			
3	7	6	+	5	0	0	=	8	7	6
8	7	6	+		8	0	=	9	5	6
9	5	6	+			2	=	9	5	8
3	7	6	+	5	8	2	=	9	5	8

2. Möglichkeit:
Du zerlegst beide Zahlen und addierst Schritt für Schritt.

3	7	6	+	5	8	2	=			
3	0	0	+	5	0	0	=	8	0	0
	7	0	+		8	0	=	1	5	0
		6	+			2	=			8
3	7	6	+	5	8	2	=	9	5	8

Bei beiden Rechenwegen kannst du auch zuerst die Einer, dann die Zehner und dann die Hunderter addieren.

→ Beim halbschriftlichen Addieren kannst du **Rechenvorteile** nutzen.

3	7	6	+	5	8	0	=			
3	7	6	+	6	0	0	=	9	7	6
9	7	6	−		2	0	=	9	5	6
3	7	6	+	5	8	0	=	9	5	6

Die Zahl 580 liegt nah an der 600, daher kannst du zuerst 600 addieren und danach wieder 20 abziehen.

Schriftliche Addition

→ Beim **schriftlichen Addieren** kannst du zwei oder mehr Zahlen zusammenzählen. Es ist wichtig, dass du die Zahlen genau stellengerecht untereinander schreibst. Addiere **von rechts nach links** jede Stelle einzeln. Du kannst von oben nach unten oder auch von unten nach oben addieren.

	H	Z	E	
	5	2	6	← Summand
+	4	1	2	← Summand
	9	3	8	← Summe

6E + 2E = 8E, schreibe 8
2Z + 1Z = 3Z, schreibe 3
5H + 4H = 9H, schreibe 9

→ Wenn das Ergebnis in einer Spalte **größer als 9** ist, rechnest du mit einem **Übertrag**. Du wechselst dabei von einer Stelle in die nächsthöhere Stelle: 10 Einer werden zu 1 Zehner, 10 Zehner werden zu 1 Hunderter und 10 Hunderter werden zu 1 Tausender. Schreibe den Übertrag unter die nächsthöhere Stelle und addiere ihn dort dazu.

	T	H	Z	E
	1	6	5	7
+		5	6	3
	1	1	1	
	2	2	2	0

7 E + 3 E = 10 E,
10 E werden zu 1 Z und 0 E,
schreibe 0, Übertrag 1

5 Z + 6 Z + 1 Z = 12 Z,
12 Z werden zu 1 H und 2 Z,
schreibe 2, Übertrag 1

6 H + 5 H + 1 H = 12 H,
12 H werden zu 1 T und 2 H,
schreibe 2, Übertrag 1

1 T + 1 T = 2 T,
schreibe 2

Rechnen

Den **Übertrag** kannst du dir mithilfe von Geld gut vorstellen.
Du wechselst zehn 1-€-Münzen in einen 10-€-Schein um.
Zehn 10-€-Scheine wechselst du in einen 100-€-Schein um.

	H	Z	E
	3	5	7
+	5	6	3
	1	1	
	9	2	0

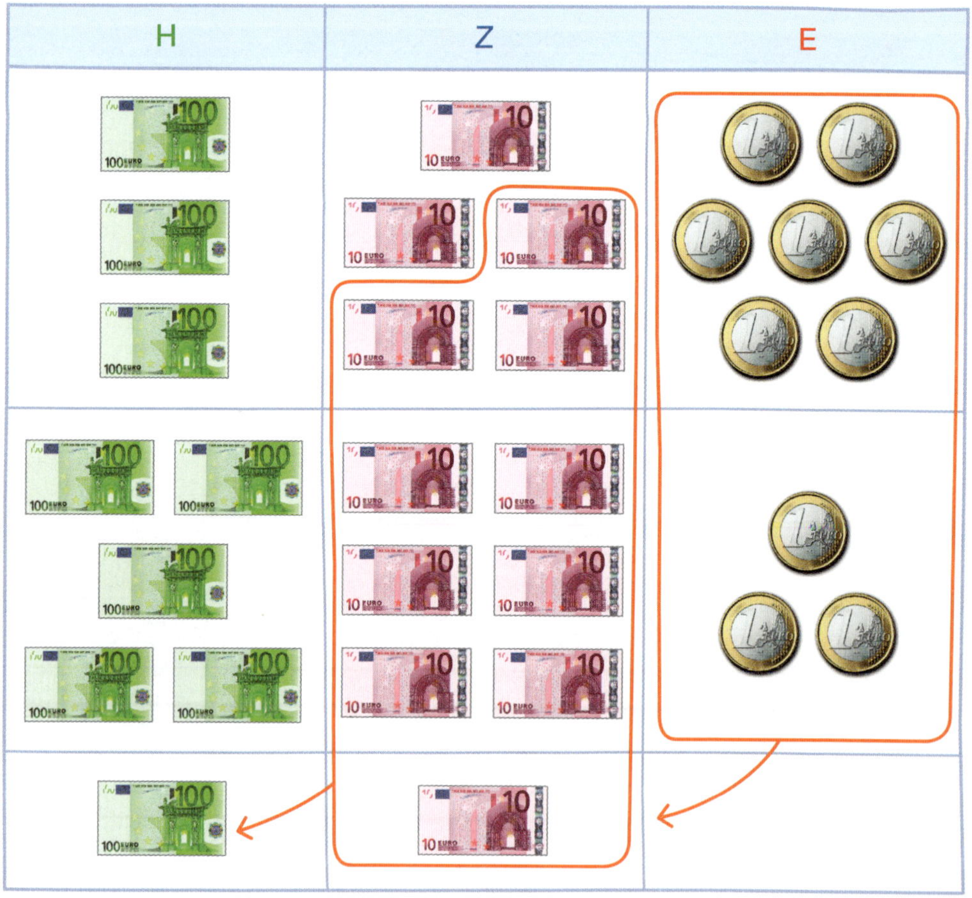

→ Der **Übertrag** kann auch **größer als 1** sein.

	T	H	Z	E
		9	2	6
+		6	1	5
+	1	8	9	9
	2	1	2	
	3	4	4	0

6 E + 5 E + 9 E = 20 E,
20 E werden zu 2 Z und 0 E,
schreibe 0, Übertrag 2

2 Z + 1 Z + 9 Z + 2 Z = 14 Z,
14 Z werden zu 1 H und 4 Z,
schreibe 4, Übertrag 1

9 H + 6 H + 8 H + 1 H = 24 H,
24 H werden zu 2 T und 4 H,
schreibe 4, Übertrag 2

1 T + 2 T = 3 T,
schreibe 3

! Überprüfe deine Lösung, indem du in umgekehrter Richtung addierst, also von unten nach oben oder von oben nach unten.

Halbschriftliche Subtraktion

➔ Große Zahlen kannst du **halbschriftlich subtrahieren**. Du zerlegst die Zahlen so, dass du in einfachen Schritten rechnen kannst. Dann rechnest du Schritt für Schritt.

3	7	6	−	2	6	3	=			
3	7	6	−	2	0	0	=	1	7	6
1	7	6	−		6	0	=	1	1	6
1	1	6	−			3	=	1	1	3
3	7	6	−	2	6	3	=	1	1	3

Hier wurden zuerst die Hunderter, dann die Zehner und dann die Einer abgezogen. Aber du könntest auch erst die Einer, dann die Zehner und dann die Hunderter subtrahieren.

➔ Beim halbschriftlichen Subtrahieren kannst du **Rechenvorteile** nutzen.

3	7	6	−	2	9	0	=		
3	7	6	−	3	0	0	=	7	6
	7	6	+		1	0	=	8	6
3	7	6	−	2	9	0	=	8	6

Die Zahl 290 liegt nah an der 300, daher kannst du zuerst 300 abziehen und danach wieder 10 dazuzählen.

Schriftliche Subtraktion

→ Bei der **schriftlichen Subtraktion** schreibst du die Zahlen **stellengerecht** untereinander: oben die größere, unten die kleinere Zahl.

	H	Z	E	
	9	3	6	← Minuend
–	4	1	3	← Subtrahend
	5	2	3	← Differenz

Für das schriftliche Subtrahieren gibt es
zwei mögliche Rechenwege:
das **Ergänzungsverfahren** → vgl. S. 92 – 94 und
das **Abziehverfahren** → vgl. S. 95 – 98.

Rechnen

1 Das Ergänzungsverfahren

→ Beim **Ergänzungsverfahren** ergänzt du von der unteren zur oberen Zahl. Dabei ergänzt du zuerst die Einer, dann die Zehner, dann die Hunderter und so weiter.

	H	Z	E
	5	4	8
−	2	2	1
	3	2	7

1 E + 7 E = 8 E, schreibe 7

2 Z + 2 Z = 4 Z, schreibe 2

2 H + 3 H = 5 H, schreibe 3

→ Ist die **untere Ziffer größer** als die obere, addierst du zur oberen Ziffer in Gedanken 10 dazu und schreibst den **Übertrag** in die nächste Spalte.

	H	Z	E
	9	7	1
−	4	2	3
		1	
	5	4	8

3 E + ? = 1 E geht nicht,
wechsle 1 Z in 10 E:
3 E + 8 E = 11 E
schreibe 8, Übertrag 1

2 Z + 1 Z + 4 Z = 7 Z, schreibe 4

4 H + 5 H = 9 H, schreibe 5

→ Genauso rechnest du auch, wenn es **mehrere Zehnerübergänge** gibt.

	H	Z	E
	8	2	1
−	5	8	9
	1	1	
	2	3	2

9 E + ? = 1 E geht nicht,
wechsle 1 Z in 10 E:
9 E + 2 E = 11 E
schreibe 2, Übertrag 1

8 Z + 1 Z + ? = 2 Z geht nicht,
wechsle 1 H in 10 Z:
8 Z + 1 Z + 3 Z = 12 Z
schreibe 3, Übertrag 1

5 H + 1 H + 2 H = 8 H
schreibe 2

→ Der **Übertrag** kann auch **größer als 1** sein. Addiere dann zunächst in Gedanken die unteren Ziffern, bevor du zur oberen Ziffer ergänzt.

	H	Z	E
	9	0	4
–	3	4	8
–	3	0	9
	1	2	
	2	4	7

Addiere die einzelnen Ziffern:
9 E + 8 E = 17 E
Ergänze zur oberen Ziffer:
17 E + ? = 4 E geht nicht,
wechsle 2 Z in 20 E:
17 E + 7 E = 24 E
schreibe 7, Übertrag 2

Addiere die einzelnen Ziffern:
2 Z + 0 Z + 4 Z = 6 Z
Ergänze zur oberen Ziffer:
6 Z + ? = 0 Z geht nicht,
wechsle 1 H in 10 Z:
6 Z + 4 Z = 10 Z
schreibe 4, Übertrag 1

Addiere die einzelnen Ziffern:
1 H + 3 H + 3 H = 7 H
Ergänze zur oberen Ziffer:
7 H + 2 H = 9 H
schreibe 2

2 Das Abziehverfahren

→ Beim **Abziehverfahren** ziehst du von der oberen Zahl die untere ab. Dabei ziehst du zuerst die Einer ab, dann die Zehner und dann die Hunderter.

	H	Z	E
	9	5	4
–	3	4	1
	6	1	3

4 E – 1 E = 3 E, schreibe 3
5 Z – 4 Z = 1 Z, schreibe 1
9 H – 3 H = 6 H, schreibe 6

Rechnen

→ Ist die **untere Ziffer größer** als die obere, addierst du zur oberen Ziffer 10 dazu und schreibst einen **Übertrag**.

	H	Z	E
		4	14
	9	~~5~~	4
−	3	4	6
	6	0	8

4 E − 6 E geht nicht,
wechsle 1 Z in 10 E:
streiche 5 Z, notiere 4 Z
schreibe 14 E
14 E − 6 E = 8 E
schreibe 8

4 Z − 4 Z = 0 Z
schreibe 0

9 H − 3 H = 6 H
schreibe 6

→ Genauso rechnest du auch, wenn es **mehrere Zehnerübergänge** gibt.

	T	H	Z	E
	0	14	3	13
	~~1~~	4	~~4~~	3
–		8	1	5
		6	2	8

3 E – 5 E geht nicht,
wechsle 1 Z in 10 E:
streiche 4 Z, notiere 3 Z
schreibe 13 E
13 E – 5 E = 8 E
schreibe 8

3 Z – 1 Z = 2 Z
schreibe 2

4 H – 8 H geht nicht,
wechsle 1 T in 10 H:
streiche 1 T, notiere 0 T
schreibe 14 H
14 H – 8 H = 6 H
schreibe 6

0 T – 0 T = 0 T
das Ergebnis hat keine Tausender

→ Der **Übertrag** kann auch **größer als 1** sein. Ziehe alle unteren Ziffern von der obersten Ziffer ab.

	T	H	Z	E
	1	13	7	22
	~~2~~	3	~~9~~	2
−		2	3	7
−	1	1	2	5
−		1	1	7
		9	1	3

2 E − 7 E − 5 E − 7 E geht nicht,
wechsle 2 Z in 20 E:
streiche 9 Z, notiere 7 Z,
schreibe 22 E
22 E − 7 E − 5 E − 7 E = 3 E
schreibe 3

7 Z − 3 Z − 2 Z − 1 Z = 1 Z
schreibe 1

3 H − 2 H − 1 H − 1 H geht nicht,
wechsle 1 T in 10 H:
streiche 2 T, notiere 1 T,
schreibe 13 H
13 H − 2 H − 1 H − 1 H = 9 H
schreibe 9

1 T − 1 T = 0 T
das Ergebnis hat keine Tausender

Halbschriftliche Multiplikation

→ Beim **halbschriftlichen Multiplizieren** zerlegst du zuerst die größere Zahl und multiplizierst dann die Teilzahlen. Zum Schluss addierst du die Teilergebnisse.

1	2	4	·	8	=			
1	0	0	·	8	=	8	0	0
	2	0	·	8	=	1	6	0
		4	·	8	=		3	2
1	2	4	·	8	=	9	9	2

Du kannst auch zuerst die E, dann die Z und dann die H multi-plizieren.

→ Du kannst deinen Rechenweg auch verkürzt aufschreiben:

124 · 8 = 800 + 160 + 32 = 992

Schriftliche Multiplikation

→ Beim **schriftlichen Multiplizieren** rechnest du Schritt für Schritt **von rechts nach links**. Du multiplizierst zuerst die Einer, dann die Zehner und dann die Hunderter.

H	Z	E		
2	4	1	·	2
		4	8	2

2 · 1 = 2, schreibe 2
2 · 4 = 8, schreibe 8
2 · 2 = 4, schreibe 4

Faktor · Faktor = Produkt

→ Ist ein **Teilergebnis größer als 10**, schreibst du nur die Einer auf. Du merkst dir die Zehner und addierst sie zum nächsten Teilergebnis hinzu.

T	H	Z	E		
5	0	2	9	·	7
	3	5	2	0	3

7 · 9 = 63, schreibe 3, merke 6

7 · 2 = 14, 14 + 6 = 20, schreibe 0, merke 2

7 · 0 = 0, 0 + 2 = 2, schreibe 2

7 · 5 = 35, schreibe 5, merke 3

schreibe 3

→ Willst du eine runde **Zehner-**, **Hunderter- oder Tausenderzahl** schriftlich malnehmen, multiplizierst du ihre höchste Stelle und hängst dann die Nullen an das Ergebnis an.

2	7	4	·	2	0
		5	4	8	0

2	7	4	·	2	0	0
		5	4	8	0	0

2	7	4	·	2	0	0	0
		5	4	8	0	0	0

→ Wenn der **zweite Faktor zweistellig** ist, multiplizierst du zuerst mit der Zehnerstelle und dann mit der Einerstelle. Am Ende addierst du die Teilergebnisse.

7	0	3	·	3	4	
	2	1	0	9		← Teilergebnis von 703 · 3
		2	8	1	2	← Teilergebnis von 703 · 4
	2	3	9	0	2	← Ergebnis von 21 090 + 2812

!

Setze beim schriftlichen Multiplizieren den **kleineren Faktor nach hinten**, dann kannst du schneller rechnen: Für die Aufgabe 543 · 26 brauchst du nur 2 Teilergebnisse, für die Aufgabe 26 · 543 brauchst du 3 Teilergebnisse!

5	4	3	·	2	6
	1	0	8	6	
		3	2	5	8
	1	4	1	1	8

2	6	·	5	4	3
	1	3	0		
		1	0	4	
				7	8
	1	4	1	1	8

→ Wenn der **zweite Faktor dreistellig** ist, multiplizierst du zuerst mit der Hunderterstelle, dann mit der Zehnerstelle und am Ende mit der Einerstelle. Dann addierst du die drei Teilergebnisse.

Achte darauf, dass du die Teilergebnisse immer **stellengerecht** aufschreibst.

2	0	3	·	3	4	5	
		6	0	9			⟵ Teilergebnis von 203 · 3
			8	1	2		⟵ Teilergebnis von 203 · 4
			1	0	1	5	⟵ Teilergebnis von 203 · 5
		7	0	0	3	5	⟵ Ergebnis von 60 900 + 8 120 + 1 015

Halbschriftliche Division

→ Beim **halbschriftlichen Dividieren** zerlegst du die erste Zahl in zwei oder mehr Teilzahlen, die sich leicht dividieren lassen. Dann dividierst du Schritt für Schritt jede Teilzahl in einer eigenen Aufgabe. Am Ende addierst du die Ergebnisse.

9	6	8	:	8				
8	0	0	:	8	=	1	0	0
1	6	0	:	8	=		2	0
		8	:	8	=			1
9	6	8	:	8	=	1	2	1

→ Auch beim halbschriftlichen Dividieren kann es einen **Rest** geben. Vergiss nicht, den Rest aufzuschreiben.

9	6	9	:	8						
8	0	0	:	8	=	1	0	0		
1	6	0	:	8	=		2	0		
		9	:	8	=			1	R	1
9	6	9	:	8	=	1	2	1	R	1

Schriftliche Division

→ Beim **schriftlichen Dividieren** dividierst du eine Stelle nach der anderen.

6	4	:	4	=	1	6
4						
2	4					
2	4					
	0					

dividiere: 6 : 4 = 1 Rest 2, schreibe 1
multipliziere: 1 · 4 = 4
subtrahiere: 6 − 4 = 2

hole herunter: 4
dividiere: 24 : 4 = 6, schreibe 6
multipliziere: 6 · 4 = 24
subtrahiere: 24 − 24 = 0

→ Ist die **erste Stelle kleiner als der Teiler**, fasst du die ersten beiden Stellen zusammen.

3	6	8	4	:	4	=	9	2	1
3	6								
	0	8							
		8							
		0	4						
			4						
			0						

dividiere: 36 : 4 = 9, schreibe 9
multipliziere: 9 · 4 = 36
subtrahiere: 36 − 36 = 0

hole herunter: 8
dividiere: 8 : 4 = 2, schreibe 2
multipliziere: 2 · 4 = 8
subtrahiere: 8 − 8 = 0

hole herunter: 4
dividiere: 4 : 4 = 1, schreibe 1
multipliziere: 1 · 4 = 4
subtrahiere: 4 − 4 = 0

→ Der Divisor kann auch eine **zweistellige Zahl** sein. Das Rechnen bleibt dabei gleich.

2	8	8	:	1	2	=	2	4
2	4							
	4	8						
	4	8						
		0						

→ Bleibt beim schriftlichen Dividieren ein **Rest**, schreibst du ihn hinter das Ergebnis.

3	8	6	:	5	=	7	7	R	1
3	5								↑
	3	6							
	3	5							
		1	→						

Teilbarkeitsregeln

Diese Regeln verraten dir bereits vor deiner Rechnung, **ob du eine Zahl ohne Rest teilen kannst**. Merke dir die Teilbarkeitsregeln gut!

→ Eine Zahl ist **ohne Rest teilbar** durch ...

... **2**, wenn ihre letzte Ziffer eine gerade Zahl oder 0 ist.

... **3**, wenn ihre Quersumme durch 3 teilbar ist.

... **4**, wenn ihre beiden letzten Ziffern eine durch 4 teilbare Zahl bilden.

... **5**, wenn ihre letzte Ziffer 0 oder 5 ist.

... **6**, wenn sie durch 2 und durch 3 teilbar ist.

... **8**, wenn ihre letzten drei Ziffern eine durch 8 teilbare Zahl bilden.

... **9**, wenn ihre Quersumme durch 9 teilbar ist.

... **10**, wenn ihre Endziffer 0 ist.

... **12**, wenn sie durch 3 und durch 4 teilbar ist.

... **15**, wenn sie durch 3 und durch 5 teilbar ist.

... **25**, wenn ihre beiden letzten Ziffern 00, 25, 50 oder 75 heißen.

... **100**, wenn ihre beiden letzten Ziffern 00 heißen.

!

Die **Quersumme** einer Zahl ist die **Summe ihrer Ziffern**.

Quersumme der Zahl 3216: $3 + 2 + 1 + 6 = 12$

Geld

→ In Deutschland und in vielen anderen europäischen Ländern bezahlt man mit **Euro** (€) und **Cent** (ct).

Es gibt sechs verschiedene **Cent-Münzen**, zwei verschiedene **Euro-Münzen** und sieben verschiedene **Euro-Scheine**.

Münzen	Scheine

Du kannst Geldbeträge aus Münzen und Scheinen unterschiedlich zusammensetzen.

6,52 € = 5 € + 1 € + 50 ct + 2 ct
6,52 € = 3 € + 2 € + 1 € + 50 ct + 2 ct

Größen

→ Für **Geldbeträge** gibt es verschiedene Schreibweisen.

6 Euro 52 ct
6 € 52 ct
6,52 €
652 ct

→ Das **Komma** trennt Euro und Cent.

8 € 19 ct = 8,19 €
6 € 5 ct = 6,05 €

→ Vor dem **Rechnen mit Geldbeträgen** musst du immer alle Werte in die gleiche Einheit **umwandeln**. Entscheide, ob du mit Cent- oder mit Eurobeträgen rechnen möchtest.

→ Achte beim Rechnen mit Geldbeträgen genau auf die **Kommastelle**. Beim schriftlichen Addieren und Subtrahieren müssen die Kommas immer genau untereinander stehen.

	2	4,	1	6	€
+	1	3,	2	3	€
	3	7,	3	9	€

	2	8,	5	8	€
−	1	5,	2	4	€
	1	3,	3	4	€

Längen

→ Eine **Länge** kannst du in **Millimeter** (mm), **Zentimeter** (cm), **Dezimeter** (dm), **Meter** (m) oder **Kilometer** (km) angeben.

Du kannst dir die verschiedenen Maßeinheiten am besten vorstellen, wenn du dir zu jeder Einheit etwas Passendes merkst.

1 mm		Breite eines Striches
1 cm		Länge eines Marienkäfers
1 dm		Länge eines Klebestiftes
1 m		Länge eines Schlittens
1 km		$2\frac{1}{2}$ Runden in einem Stadion

Größen

→ Zum **Messen** kannst du ein **Lineal** verwenden. Es ist in **Zentimeter** (cm) und **Millimeter** (mm) unterteilt. Wenn du eine Länge messen oder eine Strecke zeichnen möchtest, legst du dein Lineal immer bei **Null** an.

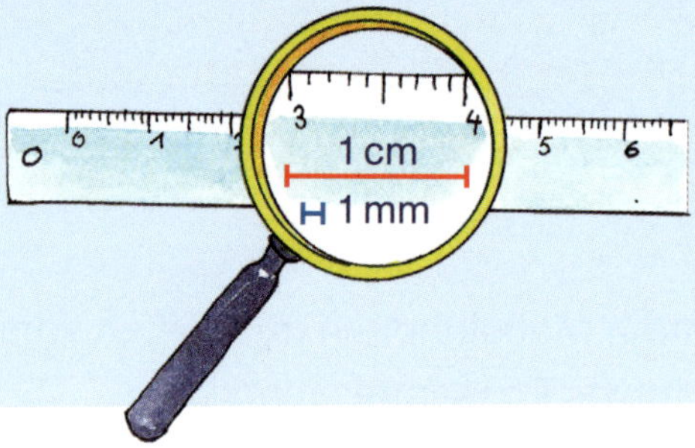

Diese Linie ist 1 Meter lang. Sie hat 10 gleiche Teile, nämlich 10 Dezimeter. **Ein Meter hat 10 Dezimeter.** Die kleinen Striche teilen die Linie in 100 gleiche Teile, nämlich 100 Zentimeter. **Ein Meter hat 100 Zentimeter.** **10 Zentimeter ergeben einen Dezimeter.**

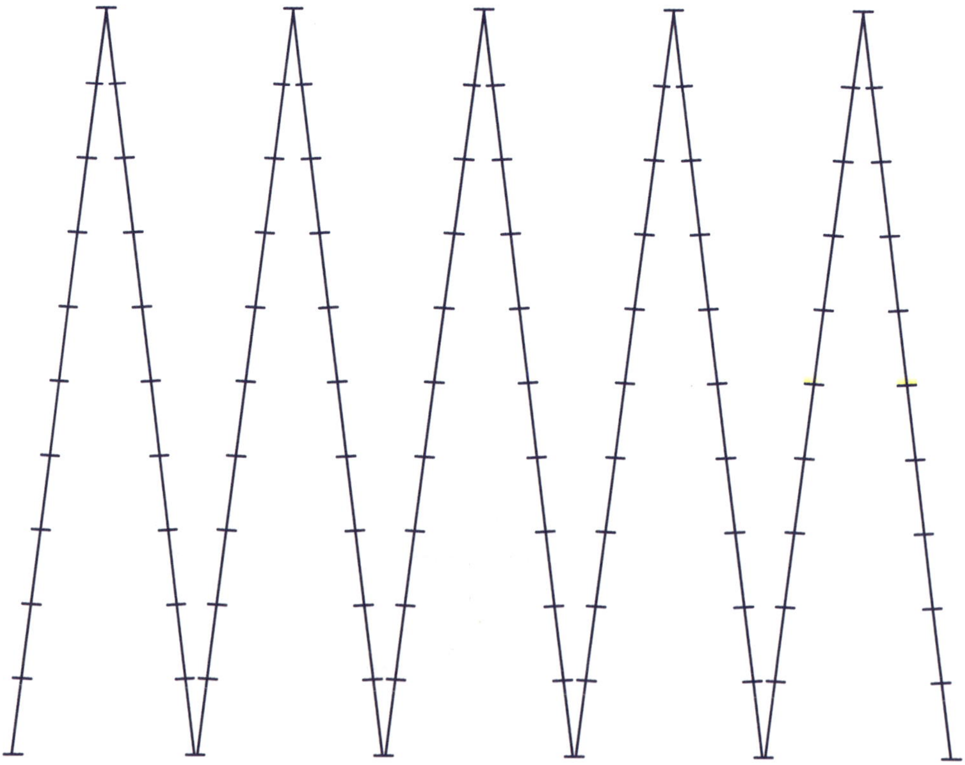

→ Längenangaben kannst du **umrechnen**.

1 km = 1 000 m
1 m = 100 cm   1 m = 10 dm
1 dm = 10 cm
1 cm = 10 mm

→ Du kannst Längen entweder in **getrennter Schreibweise** oder in **Kommaschreibweise** angeben. Das Komma trennt die größere von der kleineren Einheit (z. B. km und m). **Nullen** am Ende der Kommazahl kannst du weglassen.

1 km 400 m = 1,400 km = 1,4 km

→ Achte genau darauf, **welche Längenangaben** du umrechnest.

: 10
825 mm = 82,5 cm
· 10

: 100
825 cm = 8,25 m
· 100

: 1 000
825 m = 0,825 km
· 1 000

→ Längen kannst du auch in **Bruchzahlen** angeben. → vgl. S. 117 – 118

1 km : 8 = 0,125 km = $\frac{1}{8}$ km
1 km : 4 = 0,25 km = $\frac{1}{4}$ km
0,25 km · 3 = 0,75 km = $\frac{3}{4}$ km
1 km : 2 = 0,5 km = $\frac{1}{2}$ km

→ Beim **Rechnen mit Längenangaben** müssen alle Angaben in der gleichen Einheit stehen. Wandle in die gleiche Maßeinheit um, bevor du mit dem Rechnen beginnst. Du kannst entweder in die kleinere Einheit umwandeln oder mit Kommazahlen rechnen.

6,52 m + 335 cm = ?

1. Möglichkeit:

	6	5	2	cm
+	3	3	5	cm
	9	8	7	cm

2. Möglichkeit:

	6,	5	2	m
+	3,	3	5	m
	9,	8	7	m

→ Denke beim **Rechnen mit Kommazahlen** immer an das Komma. Achte darauf, dass das Komma **an der richtigen Stelle** steht.

		8,	5	6	4 km
+		3,	0	2	4 km
	1	1,	5	8	8 km

	4	8,	4	6	2 km
−	1	3,	4	3	0 km
	3	5,	0	3	2 km

9,271 km · 3
27,813 km

5,325 km : 3 = 1,775 km
3
23
21
22
21
15
15
0

Gewichte

→ Ein **Gewicht** kannst du in **Gramm** (g), **Kilogramm** (kg) oder **Tonnen** (t) angeben.

Am besten kannst du dir diese Einheiten vorstellen, wenn du dir zu jeder Einheit passende Dinge merkst:

1 g		Gewicht einer Büroklammer
100 g		Gewicht eines Schulheftes
500 g		Gewicht eines Taschenbuches
1 kg		Gewicht eines Brotes
1 t		Gewicht eines Autos

Größen

→ Um ein Gewicht genau bestimmen zu können, gibt es **Gewichtssätze**. Mit einem Gewichtssatz kannst du ein Gewicht genau auswiegen. Ein Gewichtssatz enthält folgende Einzelgewichte:

1 g 2 g 5 g 10 g 20 g 50 g 100 g 200 g 500 g 1 kg

Du kannst einen Gegenstand mit **unterschiedlichen Einzelgewichten** auswiegen. Du kannst dabei wenige große oder viele kleine Einzelgewichte benutzen.

	Gewicht: 732 g
Mit **wenigen** Einzelgewichten:	500 g + 200 g + 20 g + 10 g + 2 g
Mit **vielen** Einzelgewichten:	200 g + 100 g + 100 g + 100 g + 100 g + 50 g + 50 g + 20 g + 10 g + 1 g + 1 g

→ **Gewichtsangaben** kannst du **umrechnen**.

1 t = 1 000 kg
1 kg = 1 000 g

→ Du kannst Gewichte entweder in **getrennter Schreibweise** oder in **Kommaschreibweise** angeben. Das Komma trennt die größere von der kleineren Einheit (z. B. kg und g). **Nullen** am Ende der Kommazahl kannst du weglassen.

5 kg 500 g = 5,500 kg = 5,5 kg

→ Achte genau darauf, **welche Gewichtsangaben** du umrechnest.

: 1 000 → 374 g = 0,374 kg ← · 1 000

: 1 000 → 593 kg = 0,593 t ← · 1 000

→ Gewichte werden oft in **Bruchzahlen** angegeben. → vgl. S. 117 – 118

1 kg : 8 = 0,125 kg = $\frac{1}{8}$ kg

1 kg : 4 = 0,25 kg = $\frac{1}{4}$ kg

0,25 kg · 3 = 0,75 kg = $\frac{3}{4}$ kg

1 kg : 2 = 0,5 kg = $\frac{1}{2}$ kg

→ Beim **Rechnen mit Gewichtsangaben** müssen alle Angaben in der gleichen Einheit stehen. Wandle in die gleiche Maßeinheit um, bevor du mit dem Rechnen beginnst.

1 kg – 537 g = 1 000 g – 537 g = 463 g

Hohlmaße

→ **Hohlmaße** oder **Rauminhalte** geben an, wie viel Inhalt in ein leeres, „hohles“ Gefäß passt.

→ Hohlmaße kannst du in den Einheiten **Liter** (l) und **Milliliter** (ml) angeben. **Wandle** vor dem Rechnen in die gleiche Einheit **um**.

1 l = 1 000 ml

7 384 ml = 7,384 l (: 1 000)

7,384 l = 7 384 ml (· 1 000)

Hier siehst du Beispiele für Gefäße, die 1 Liter fassen:

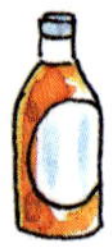 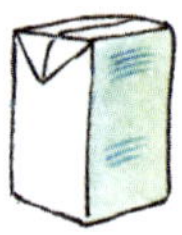 

→ Du kannst Hohlmaße in **getrennter Schreibweise** oder in **Kommaschreibweise** angeben. Das Komma trennt Liter und Milliliter.

8 l 400 ml = 8,400 l = 8,4 l

→ Hohlmaße werden oft in **Bruchzahlen** angegeben. → vgl. S. 117 – 118

1 l : 8 = 0,125 l = $\frac{1}{8}$ l

0,25 l · 3 = 0,75 l = $\frac{3}{4}$ l

1 l : 4 = 0,25 l = $\frac{1}{4}$ l

1 l : 2 = 0,5 l = $\frac{1}{2}$ l

Bruchzahlen bei Längen, Gewichten und Hohlmaßen

Längen, Gewichte und Hohlmaße gibt man oft in **Bruchzahlen** an.

→ **Bruchzahlen** geben **Teilmengen** an.

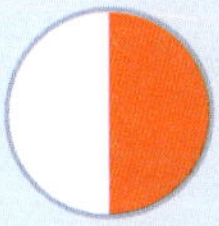

$\frac{1}{2}$ = ein halb

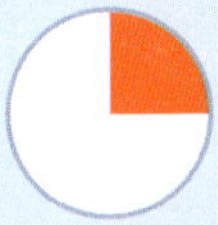

$\frac{1}{4}$ = ein Viertel

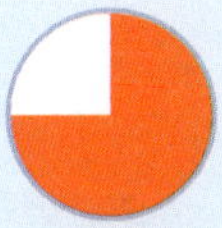

$\frac{3}{4}$ = drei Viertel

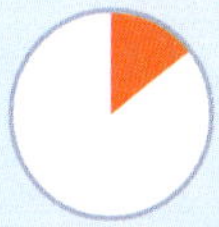

$\frac{1}{8}$ = ein Achtel

$\frac{1}{2}$ l bedeutet **1 Liter geteilt durch 2**.
1 l = 1000 ml
1000 ml : 2 = **500 ml**
Als Kommazahl geschrieben sind das 0,500 l = **0,5 l**.

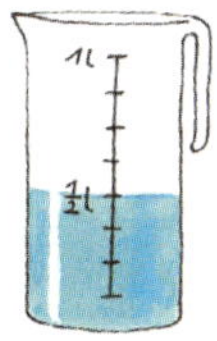

$\frac{1}{4}$ l bekommst du, wenn du **1 Liter durch 4 teilst**.
1 l = 1000 ml
1000 ml : 4 = **250 ml**
Als Kommazahl geschrieben sind das 0,250 l = **0,25 l**.

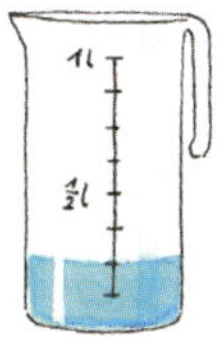

$\frac{3}{4}$ l sind **dreimal ein Viertel Liter**.
$\frac{1}{4}$ l = 250 ml
3 · 250 ml = **750 ml**
Als Kommazahl geschrieben sind das 0,750 l = **0,75 l**.

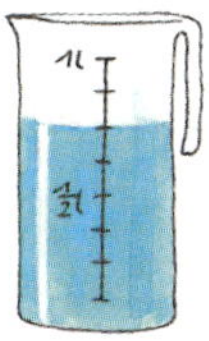

$\frac{1}{8}$ l bekommst du, wenn du **1 Liter durch 8 teilst**.
1 l = 1000 ml
1000 ml : 8 = **125 ml**
Als Kommazahl geschrieben sind das **0,125 l**.

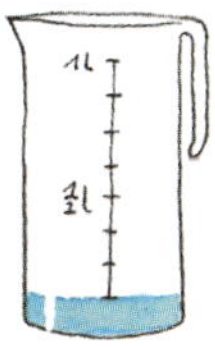

→ Merke dir die wichtigsten **Bruchzahlen** und ihre **Kommaschreibweise**.

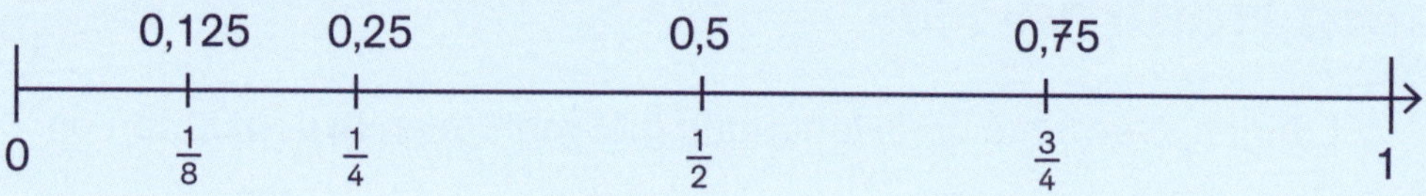

! Bruchzahlen bei **Längen**:

$\frac{1}{2}$ km = 500 m = 0,5 km

$\frac{1}{2}$ m = 50 cm = 0,5 m

$\frac{1}{2}$ dm = 5 cm = 0,5 dm

$\frac{1}{2}$ cm = 5 mm = 0,5 cm

! Bruchzahlen bei **Gewichten**:

$\frac{1}{2}$ t = 500 kg = 0,5 t

$\frac{1}{2}$ kg = 500 g = 0,5 kg

$\frac{1}{4}$ kg = 250 g = 0,25 kg

$\frac{3}{4}$ kg = 750 g = 0,75 kg

$\frac{1}{8}$ kg = 125 g = 0,125 kg

! Bruchzahlen bei **Hohlmaßen**:

$\frac{1}{2}$ l = 500 ml = 0,5 l

$\frac{1}{4}$ l = 250 ml = 0,25 l

$\frac{3}{4}$ l = 750 ml = 0,75 l

$\frac{1}{8}$ l = 125 ml = 0,125 l

Zeiteinheiten

→ Eine **Woche** hat **7 Tage**.

1 Woche = 7 Tage

→ Ein **Monat** hat ungefähr **4 Wochen**. Das sind **28**, **29**, **30** oder **31 Tage**.

Januar: 31 Tage
Februar: 28 oder 29 Tage
März: 31 Tage
April: 30 Tage
Mai: 31 Tage
Juni: 30 Tage
Juli: 31 Tage
August: 31 Tage
September: 30 Tage
Oktober: 31 Tage
November: 30 Tage
Dezember: 31 Tage

1 Monat ≈ 4 Wochen
1 Monat = 28, 29, 30 oder 31 Tage

! An deinen **Fingerknöcheln** kannst du **abzählen**, welcher Monat wie viele Tage hat. Beginne mit dem Knöchel deines linken kleinen Fingers. Jetzt beginnt das Auf und Ab:

Oben: 31 Tage **Unten:** 30 Tage (beim Februar 28 oder 29 Tage)

Den Zeigefingerknöchel deiner linken Hand zählst du doppelt und gehst dann wieder rückwärts bis zum Ringfinger.

→ Die größte Zeiteinheit ist das **Jahr**. Ein Jahr hat **12 Monate**.
→ vgl. S. 119
Das sind ungefähr **52 Wochen**.
Ein Jahr hat **365 Tage**.

Jedes vierte Jahr ist ein **Schaltjahr**. In diesen Jahren gibt es einen Tag mehr, also **366 Tage**. Das liegt daran, dass ein Jahr eigentlich 365 Tage und 6 Stunden hat. Nach vier Jahren sind viermal 6 Stunden und damit ein zusätzlicher Tag vergangen. Der zusätzliche Tag ist der **29. Februar**.

1 Jahr = 12 Monate
1 Jahr ≈ 52 Wochen
1 Jahr = 365 oder 366 Tage

→ Ein **Tag** hat **24 Stunden** (h).

1 Tag = 24 h

→ Eine **Stunde** (h) hat **60 Minuten** (min).

1 h = 60 min

→ Eine **Minute** (min) hat **60 Sekunden** (s).

1 min = 60 s

Zeiteinheiten kannst du dir gut vorstellen, wenn du dir Tätigkeiten merkst, die etwa so lange dauern.

1 s		einmal klatschen
10 s		50 m weit rennen
3 min		ein Lied singen
1 h		Hausaufgaben machen

→ Beim **Rechnen mit Zeitangaben** müssen alle Angaben in der gleichen Einheit stehen. Rechne in die gleiche Einheit um, bevor du mit dem Rechnen beginnst.

$$2\,h\ 28\,min + 74\,min = 148\,min + 74\,min = 222\,min = 3\,h + 42\,min$$

Uhrzeit

→ Der kleine Zeiger zeigt die Stunden an.
Er heißt **Stundenzeiger**.

Der große Zeiger zeigt die Minuten an.
Er heißt **Minutenzeiger**.

Ein Tag hat 24 Stunden. In dieser Zeit läuft der **Stundenzeiger** 2-mal rund um die Uhr.

→ In einer Stunde läuft der **Minutenzeiger** einmal rund um die Uhr.

9.**15** Uhr

9.**30** Uhr

9.**45** Uhr

→ Uhrzeiten kannst du unterschiedlich **benennen**. Es gibt eine **umgangssprachliche Ausdrucksweise** und **genaue Zeitangaben**. Achte immer genau darauf, ob es sich um eine Zeitangabe **vor** oder **nach** 12 Uhr mittags handelt. Der **Punkt** trennt Stunden und Minuten.
→ vgl. S. 123

Auf **digitalen Uhren** steht die Uhrzeit mit einem Doppelpunkt.

9:15 9:30 9:45

Sprechweise	elf Uhr	fünf nach elf	viertel nach elf
vor 12 Uhr mittags	11.00 Uhr	11.05 Uhr	11.15 Uhr
nach 12 Uhr mittags	23.00 Uhr	23.05 Uhr	23.15 Uhr

			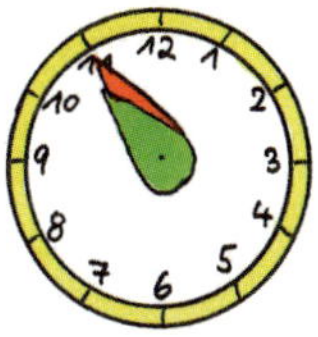
Sprechweise	halb elf	viertel vor elf	fünf vor elf
vor 12 Uhr mittags	10.30 Uhr	10.45 Uhr	10.55 Uhr
nach 12 Uhr mittags	22.30 Uhr	22.45 Uhr	22.55 Uhr

Zeitpunkt und Zeitspanne

→ Der **Zeitpunkt** gibt an, **wann** etwas beginnt oder **wann** etwas endet.
Die **Zeitspanne** (Zeitdauer) gibt an, **wie lange** etwas dauert.

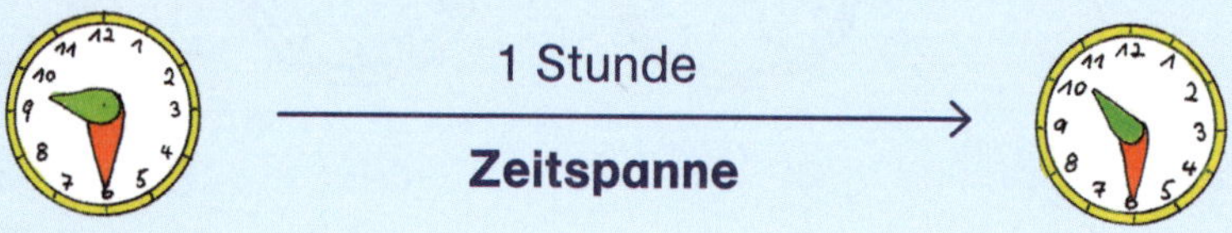

9.30 Uhr
Zeitpunkt
(Beginn)

10.30 Uhr
Zeitpunkt
(Ende)

→ Mit **Zeitpunkten** und **Zeitspannen** kannst du **rechnen**.

Es ist 13.33 Uhr. Um 15.00 Uhr will Eric sich im Fernsehen einen Film über Dinosaurier anschauen. Wie lange hat er noch Zeit für die Hausaufgaben?

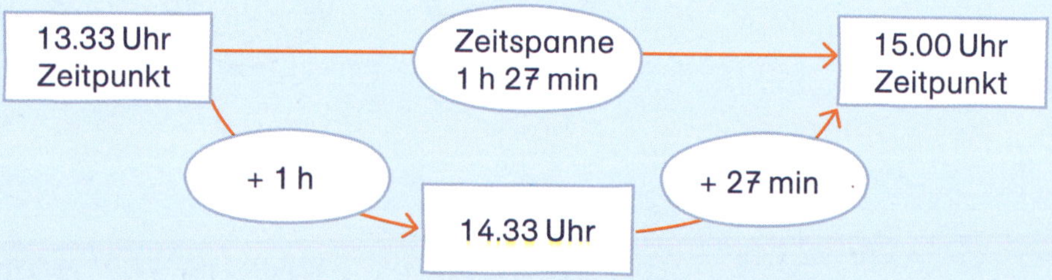

Er hat noch 1 h 27 min lang Zeit für die Hausaufgaben.

Textaufgaben lösen

→ Eine **Textaufgabe** besteht immer aus 3 Teilen:

F: Frage **R:** Rechnung **A:** Antwort

So gehst du beim Lösen vor:

1. Lies zuerst nur den **Text** genau durch. Beginne noch nicht mit dem Rechnen. 
2. Erzähle die **Rechengeschichte** mit deinen eigenen Worten und stelle sie dir in Bildern vor. 
3. Unterstreiche alle wichtigen **Angaben**. 
4. Wie heißt die **Frage**? Musst du die Frage selbst finden? **F**
5. Überlege, ob dir eine **Zeichnung**, ein **Streifenmodell**, ein **Rechenbaum** oder eine **Tabelle** helfen kann. 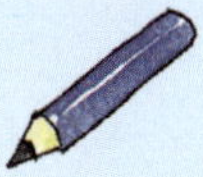
6. Achte auf die **Rechenwörter** und überlege dir, ob du plus, minus, mal oder geteilt rechnen musst. 

7. Rechne **schrittweise**. **R**
8. Kontrolliere, ob dein Ergebnis stimmen kann. Rechne die **Umkehraufgabe**.
9. Lies die Frage noch einmal durch und finde einen passenden **Antwortsatz** dazu. **A**

Textaufgaben

Denke beim Lösen von Textaufgaben immer an **alle wichtigen Schritte**. → vgl. Checkliste S. 125

Beim diesjährigen Schulfest wurden an 5 Spielstationen insgesamt 250 € eingenommen! Der Gewinn wird an die 5 Klassen verteilt, die diese Spielstationen betreut haben: die 4 a, 4 b, 4 c, 4 d und 4 e.

1. Lies den **Text** genau durch.

2. Kannst du dir die **Rechengeschichte** gut vorstellen? Gib sie in eigenen Worten wieder.

3. Welche **Angaben** sind wichtig?

Wichtig für deine Rechnung ist, dass es **5** Klassen sind, die sich den Gewinn **teilen**. Wichtig ist auch der zu teilende Gesamtbetrag: **250 €**.
Alle anderen Informationen sind für deine Rechnung unwichtig.

4. Wie heißt die **Frage**?

Du kennst den **Betrag**, den sich die Klassen teilen, und du weißt, **wie viele Klassen** es sind.
Die Frage lautet also:

F: Wie viel Euro bekommt jede Klasse?

5. Hilft dir eine **Zeichnung** dabei, die Aufgabe zu lösen?

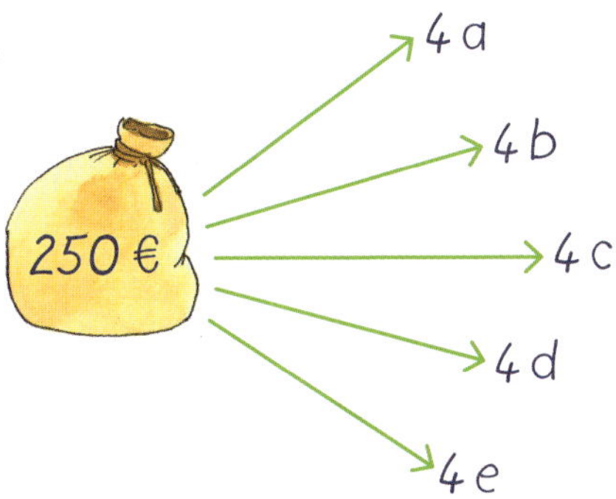

6. Achte auf **Rechenwörter** in der Aufgabe, die dir verraten, wie du rechnen musst.

Du willst einen Betrag **aufteilen**, also **dividierst** du.

7. Schreibe die **Rechnung** auf und rechne aus.

R: 250 € : 5 = 50 €

8. Überprüfe dein Ergebnis mit der **Umkehraufgabe**:

50 € · 5 = 250 €

9. Formuliere den **Antwortsatz**:

A: Jede Klasse bekommt 50 €.

Mache dir selbst eine kleine Checkliste, dann vergisst du keinen der Lösungsschritte!

Rechnen mit Größen

Mit den verschiedenen Größeneinheiten für Geldbeträge, Längen, Gewichte, Hohlmaße und Zeit (→ vgl. S. 107 – S. 121) kannst du addieren, subtrahieren, multiplizieren und dividieren.

→ Überprüfe vor dem **Rechnen mit Größen** immer, ob alle Größen in der **gleichen Einheit** stehen. Stehen sie in verschiedenen Einheiten, **wandelst** du alle Größen in die gleiche Einheit **um**.

8 € 19 ct + 78 ct = 819 ct + 78 ct = 897 ct = 8,97 €

8 € 19 ct − 78 ct = 819 ct − 78 ct = 741 ct = 7,41 €

8 € 19 ct · 2 ct = 819 ct · 2 ct = 1 638 ct = 16,38 €

8 € 19 ct : 7 ct = 819 ct : 7 ct = 117 ct = 1,17 €

Lies bei den verschiedenen Größen nach, wie du sie umwandeln kannst. → vgl. S. 107 – S. 121

→ Achte darauf, dass du **alle Einheiten** in deiner Rechnung **dazuschreibst**. Vergiss die Einheiten auch im Ergebnis nicht.

0,50 € + 7,80 € = 8,30 €

→ Überprüfe **nach** dem Rechnen, ob du das **Ergebnis in eine größere Einheit umwandeln** kannst.

50 ct + 780 ct = 830 ct
830 ct = 8 € 30 ct = 8,30 €

→ Achte bei der schriftlichen Addition und Subtraktion darauf, dass die **Zahlen stellengerecht untereinander** stehen. Schreibe **Komma unter Komma**.

		3,	4	5	2	km
+	2	1,	8	6	5	km
+		1,	3	3	2	km
		1	1			
	2	6,	6	4	9	km

	3	2,	9	cm
−		0,	5	cm
−	1	1,	3	cm
	2	1,	1	cm

Textaufgaben

→ Achte bei der schriftlichen Multiplikation und Division darauf, dass die **Anzahl der Stellen hinter dem Komma** in Aufgabe und Ergebnis übereinstimmt.

1	4,	8	4	€	:	7	=	2,	1	2	€
1	4										
	0	8									
		7									
		1	4								
		1	4								
			0								

2,	5	6	9	kg	·	5	
		1	2,	8	4	5	kg

→ Mache vor dem Rechnen mit größeren Zahlen eine **Überschlagsrechnung**. Dann weißt du schon im Voraus, wie deine Lösung in etwa lauten muss. Nach dem genauen Rechnen kannst du dann überprüfen, ob dein Ergebnis stimmen kann und ob das Komma an der richtigen Stelle steht.

3,452 km + 21,865 km + 1,332 km = ?

Runde die Zahlen. → vgl. S. 75 – S. 76

3,452 km ≈ 3 km   21,865 km ≈ 22 km   1,332 km ≈ 1 km

Überschlagsrechnung: 3 km + 22 km + 1 km = 26 km

Genaue Rechnung:

		3,	4	5	2	km
+	2	1,	8	6	5	km
+		1,	3	3	2	km
		1	1			
	2	6,	6	4	9	km

Die Zahlen sind ähnlich, das Ergebnis kann also stimmen.

Durchschnittsberechnungen

→ Den **Durchschnitt** berechnest du in zwei Schritten: Zuerst **addierst** du die Zahlen, aus denen du den Durchschnitt errechnen möchtest. Im zweiten Schritt **dividierst** du diese Summe dann durch die Anzahl der Summanden.

Beim Sommerfest gibt es eine Torwand. Je nachdem, welches Loch man trifft, bekommt man 10, 15 oder 20 Punkte. Die drei Freunde Tina, Patrick und Leon machen auch mit. Tina schafft 15 Punkte, Patrick 10 und Leon 20. Patrick meint: „Ich würde wirklich gerne wissen, wie viele Punkte jeder von uns hätte, wenn wir sie gleichmäßig unter uns aufteilen würden!"

10 + 15 + 20 = 45
45 : 3 = **15**

Das Ergebnis der Rechnung ist der Durchschnitt. Die Punktezahl wurde **gleichmäßig verteilt**.

Wahrscheinlichkeit

→ Du kannst die **Wahrscheinlichkeit** eines Ereignisses berechnen. Es geht darum, wie **sicher** etwas geschieht.

Wenn etwas ganz **sicher** geschehen wird, dann sagt man, es besteht eine **Wahrscheinlichkeit von 1**.

Ein Glücksrad hat 12 gelbe Felder. Ein gelbes Feld erdrehst du mit einer Wahrscheinlichkeit von 1.

Wenn etwas ganz sicher **nicht** geschehen wird, spricht man von einer **Wahrscheinlichkeit von 0**.

Ein Glücksrad hat 12 gelbe Felder. Ein rotes Feld erdrehst du mit einer Wahrscheinlichkeit von 0.

Wenn etwas **genau so sicher** geschehen kann, wie es auch **nicht** geschehen kann, liegt die **Wahrscheinlichkeit bei $\frac{1}{2}$**.

Ein Glücksrad hat 6 gelbe und 6 rote Felder. Ein rotes Feld erdrehst du mit einer Wahrscheinlichkeit von $\frac{1}{2}$.

Geometrische Grundbegriffe

Eine **Strecke** ist eine Linie, die an beiden Enden begrenzt ist.	
Eine **Gerade** ist eine Linie, die keine Begrenzungspunkte hat. Sie geht unendlich weiter.	
Haben zwei Linien an allen Stellen den gleichen Abstand zueinander, so sind sie **parallel**. Man nennt sie **Parallelen**.	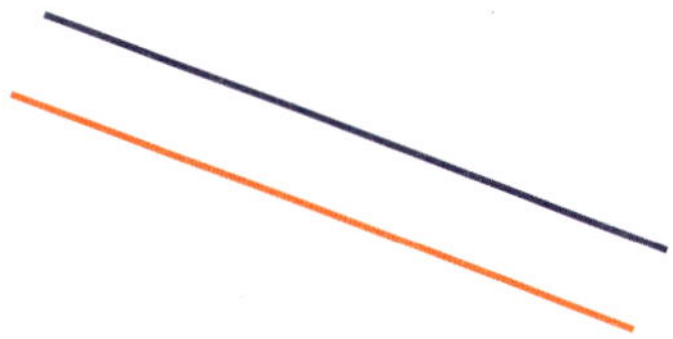
Stehen zwei Linien senkrecht aufeinander, so bilden sie einen **rechten Winkel**.	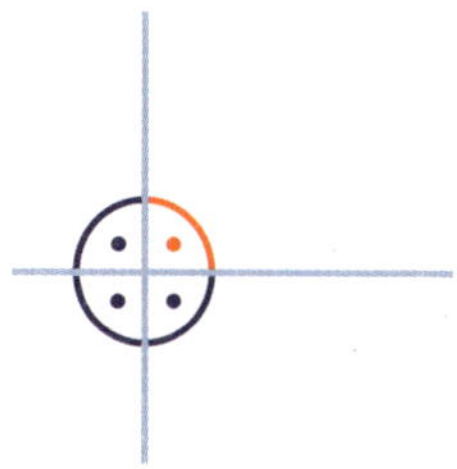
Eine Linie, die senkrecht (also in einem rechten Winkel) auf einer anderen Linie steht, heißt **Senkrechte**.	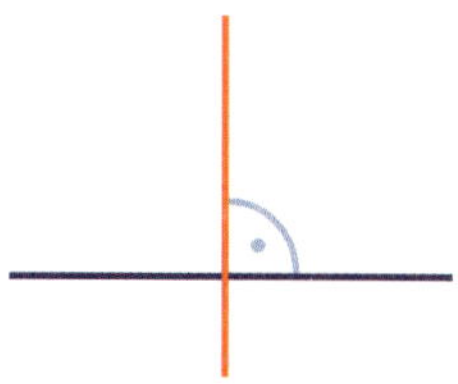

Zeichengeräte

In der Geometrie kannst du verschiedene **Zeichengeräte** verwenden. Mit ihnen kannst du Figuren **genau** zeichnen und abmessen.

→ Mit einem **Lineal** kannst du Geraden und Strecken **zeichnen** und Strecken **abmessen**.
Ein Lineal ist in **Zentimeter** (cm) und **Millimeter** (mm) eingeteilt. Wenn du mit dem Lineal etwas abmessen willst, legst du es immer bei **Null** an. → vgl. S. 110

→ Mit einem **Geodreieck** zeichnest du **parallele** und **senkrechte** Strecken und Geraden, überprüfst **rechte Winkel** oder misst und zeichnest Strecken.

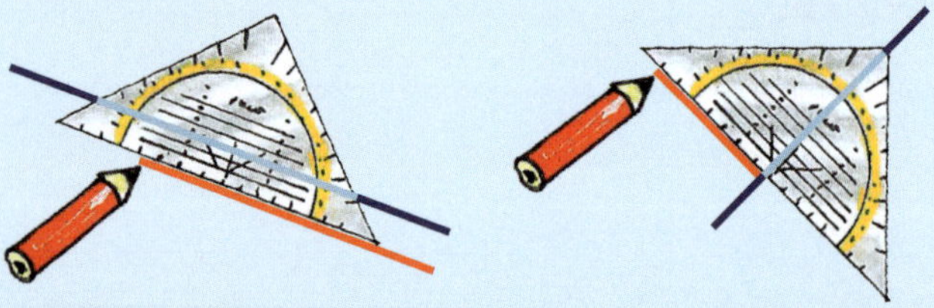

→ Mit dem **Zirkel** zeichnest du **Kreise und Halbkreise**. Du stichst die Spitze des Zirkels in den Mittelpunkt des Kreises und schwingst die Mine herum.

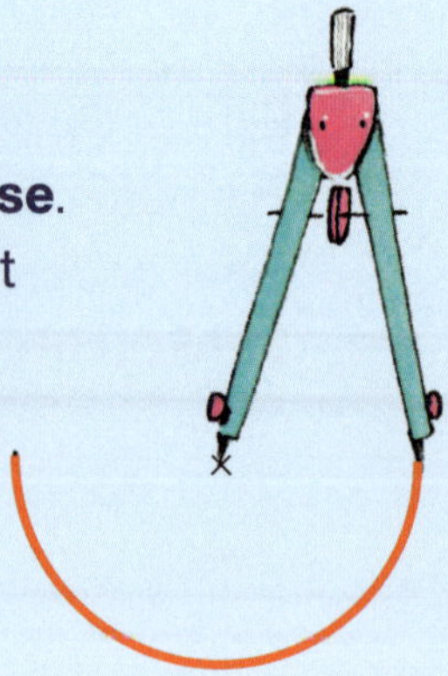

Flächenformen

→ **Flächenformen** (**Flächen**) sind im Gegensatz zu Körperformen (**Körpern**) flach wie ein Blatt Papier. Sie haben nur eine Fläche. Daher werden sie auch **ebene Figuren** genannt.

Ein **Dreieck** hat **3 Ecken**. Es kann verschiedene Formen haben.	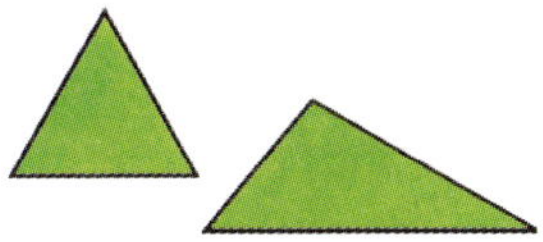
Ein **Rechteck** ist ein Viereck, bei dem die beiden **gegenüberliegenden Seiten** jeweils **gleich lang** sind.	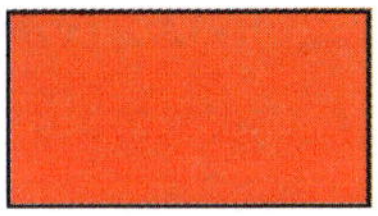
Ein **Quadrat** ist ein besonderes Rechteck: Es hat **4 gleich lange Seiten** und **4 rechte Winkel**.	
Eine **Raute** ist ein Viereck, bei dem **alle Seiten gleich lang** sind. **Gegenüberliegende Seiten** sind **parallel**.	
Ein **Parallelogramm** ist ein Viereck, bei dem die **gegenüberliegenden Seiten parallel** und **gleich lang** sind.	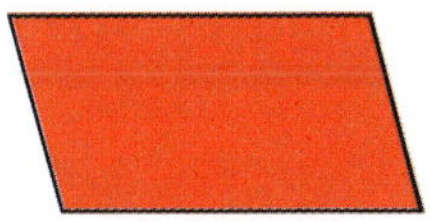

Ein **Trapez** ist ein Viereck, bei dem **zwei Seiten parallel** sind.	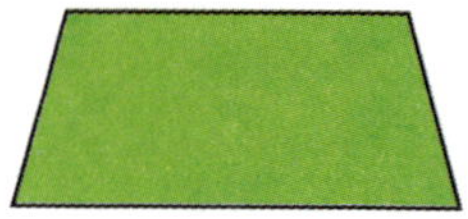
Bei einem **Kreis** sind alle Punkte auf der Kreislinie gleich weit vom **Mittelpunkt** (M) entfernt. Den Abstand vom Mittelpunkt zur Kreislinie nennt man **Radius** (r). Zeichnest du eine Linie von einem Punkt der Kreislinie durch den Mittelpunkt zur anderen Seite, erhältst du den **Durchmesser** (d).	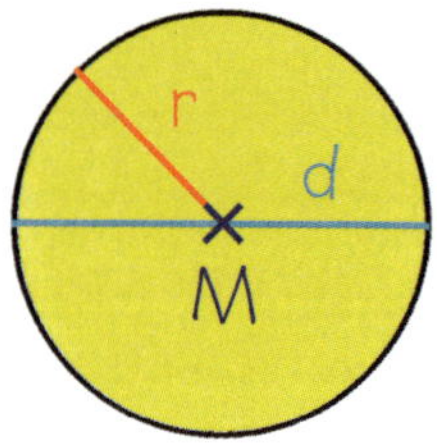

Umfangs- und Flächenberechnung

Flächenformen haben einen **Umfang** und eine **Fläche**.

→ Den **Umfang** einer Fläche berechnest du, indem du die Längen der einzelnen Seiten addierst.

2 cm + 3 cm + 2 cm + 3 cm = 10 cm
Der Umfang dieses Rechtecks beträgt 10 cm.

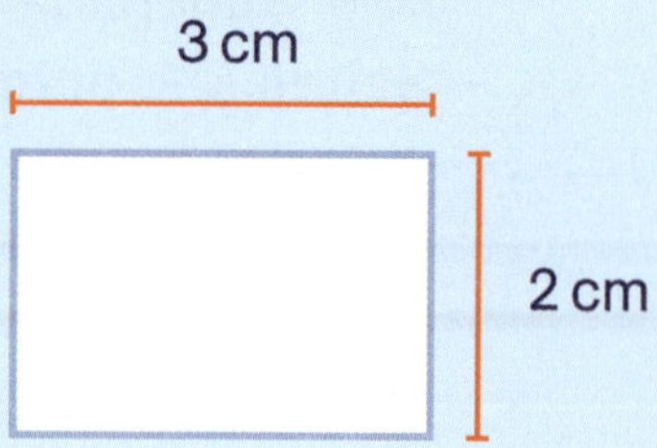

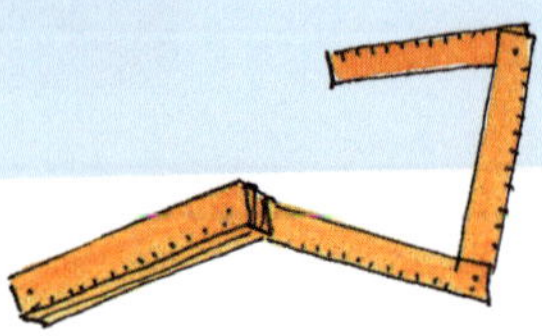

→ Eine **Fläche** berechnest du, indem du sie mit **Quadraten** auslegst und die Anzahl der Quadrate zusammenzählst. So kannst du Flächen auch miteinander **vergleichen**.

12 Kästchen > 8 Kästchen

Parkettierungen

→ Du kannst eine Fläche mit ebenen Figuren (z. B. Dreiecken, Rechtecken oder Quadraten) vollständig auslegen und so verschiedene **Muster** legen.
Flächen, die so ausgelegt sind, nennt man **Parkettierungen**.

Körperformen

→ Im Gegensatz zu Flächenformen sind **Körperformen** nicht flach wie ein Blatt Papier, sondern füllen einen **bestimmten Raum** aus.

→ Um einen Körper zu beschreiben, benutzen wir die Begriffe **Fläche**, **Kante** und **Ecke**. Eine Fläche kann eben oder gekrümmt sein.

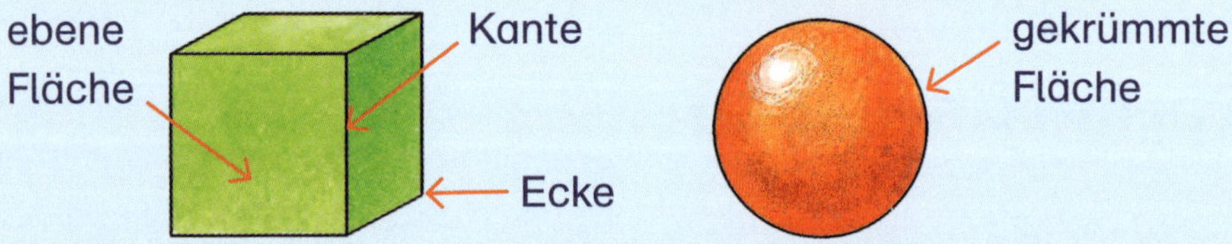

Ein **Würfel** hat **8 Ecken**, **12 Kanten** und **6 ebene Flächen**. Alle Flächen sind gleich: Es sind Quadrate. → vgl. S. 135	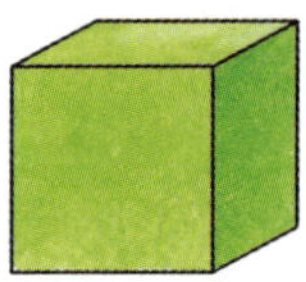
Ein **Quader** hat **8 Ecken**, **12 Kanten** und **6 ebene Flächen**. Gegenüberliegende Flächen sind gleich. Alle Flächen sind Rechtecke. → vgl. S. 135	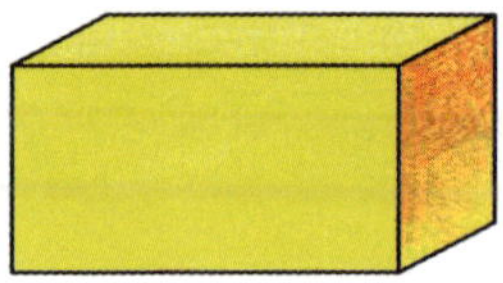

Eine **Pyramide** hat **5 Ecken**, **8 Kanten** und **5 ebene Flächen**. 4 Flächen sind Dreiecke, 1 Fläche ist ein Viereck. Dies ist eine Viereckspyramide. Es gibt auch Dreieckspyramiden.	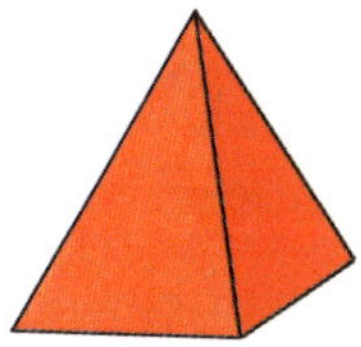
Ein **Zylinder** hat **3 Flächen**. 2 Flächen sind Kreise und liegen parallel zueinander. → vgl. S. 133 Eine Fläche ist gekrümmt.	
Ein **Kegel** hat **1 Ecke** und **2 Flächen**: Eine ebene Kreisfläche und eine gekrümmte Fläche.	
Eine **Kugel** hat keine Ecken und Kanten. Sie hat nur **1 gekrümmte Fläche**.	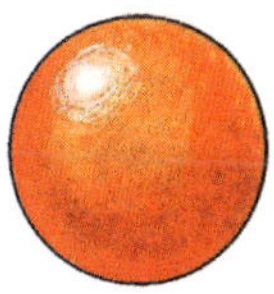

Körpernetze

→ Wenn du einen geometrischen **Körper auseinanderklappst**, z. B. eine Schachtel, erhältst du ein **Körpernetz**. Du kannst an dem Körpernetz erkennen, zu welchem Körper du es falten kannst.

Zu jedem Körper gibt es **viele unterschiedliche** Körpernetze. Hier siehst du zu jedem Körper nur ein oder zwei Beispiele.

Würfelnetz	
Quadernetz	
Pyramidennetz	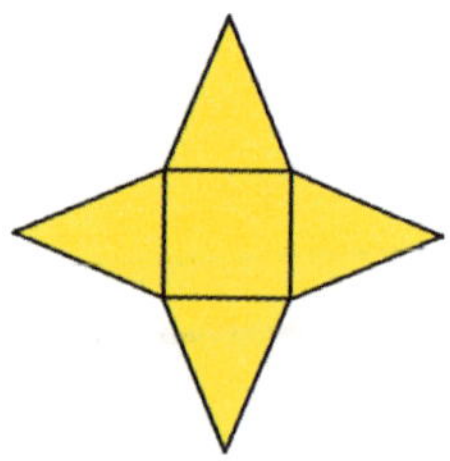

Zylindernetz	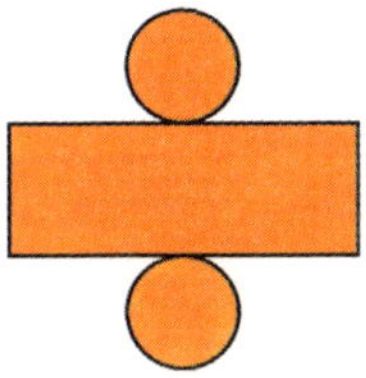
Kegelnetz	

Würfelbauten

→ **Einheitswürfel** sind gleich große Würfel. Aus ihnen lassen sich **Würfelbauten** erstellen.

In **Bauplänen** gibst du an, wie viele Würfel an welcher Stelle verbaut sind.

3	3	2
3	2	1
1	1	1

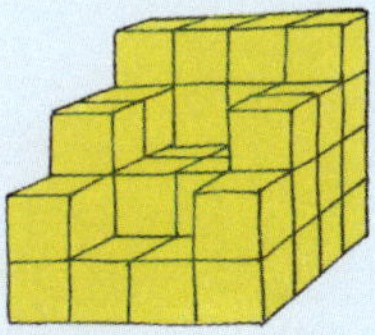

4	4	4	4
3	2	2	3
3	2	2	3
2	1	1	2

Körperansichten

→ Du kannst einen geometrischen Körper von **unterschiedlichen Positionen** aus betrachten. Je nachdem, von wo aus du den Körper betrachtest, siehst du eine andere **Körperansicht**.

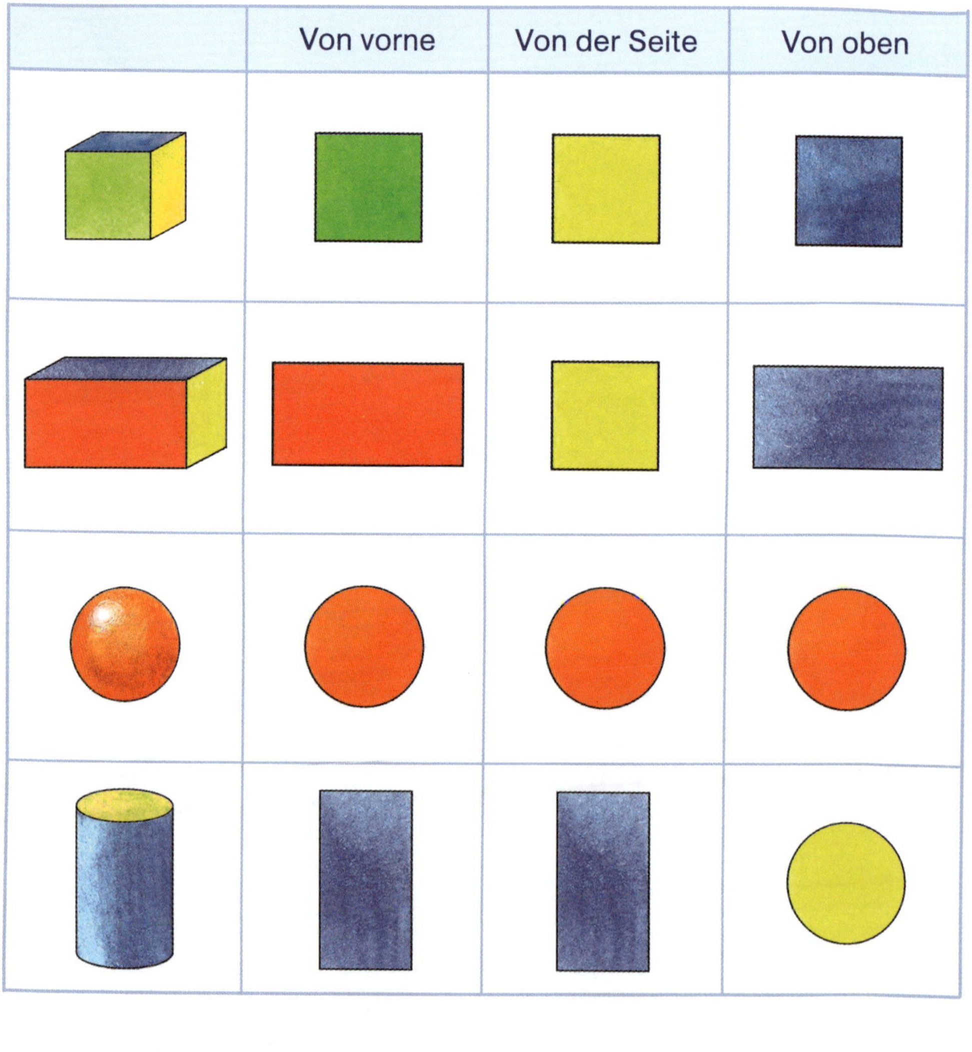

Achsensymmetrie

Bei diesen Figuren sieht eine Seite exakt so aus wie die andere. Es sind **symmetrische Figuren**:

→ Wenn du eine Figur so falten kannst, dass **beide Teile ganz genau aufeinanderpassen**, dann ist diese Figur **achsensymmetrisch**. Die Faltlinie nennt man **Symmetrieachse**.

Wenn du einen Spiegel genau auf die Symmetrieachse einer Figur stellst, siehst du die Figur komplett. Die Symmetrieachse heißt deshalb auch **Spiegelachse**.

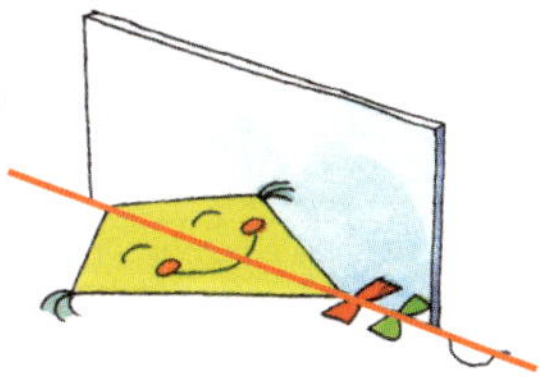

Hier kannst du sehen, wie viele Symmetrieachsen einige wichtige ebene Figuren haben:

Quadrat		4 Symmetrieachsen
Rechteck	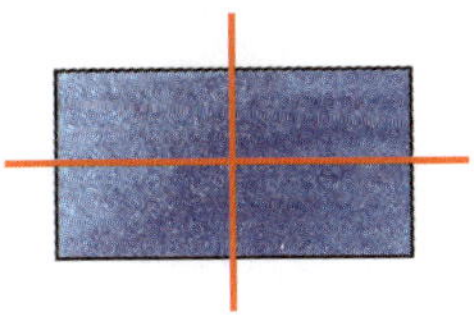	2 Symmetrieachsen

Geometrie

Gleichseitiges Dreieck	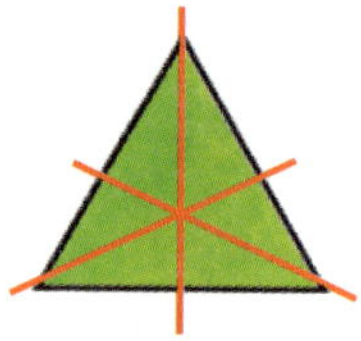	3 Symmetrieachsen
Gleichschenkliges Dreieck		1 Symmetrieachse
Unregelmäßiges Dreieck	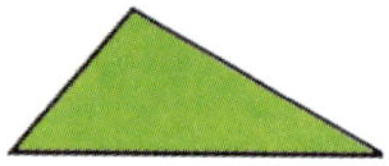	Keine Symmetrieachse
Raute	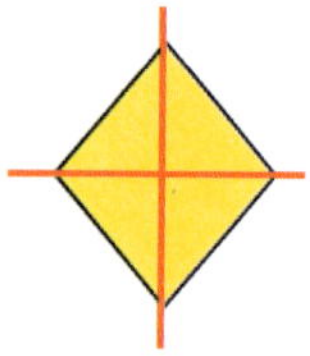	2 Symmetrieachsen
Trapez	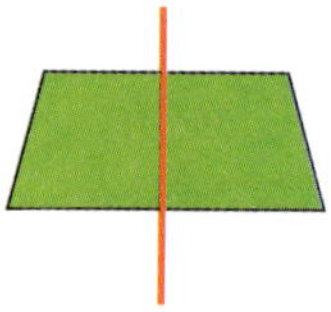	1 Symmetrieachse
Parallelogramm		Keine Symmetrieachse
Kreis	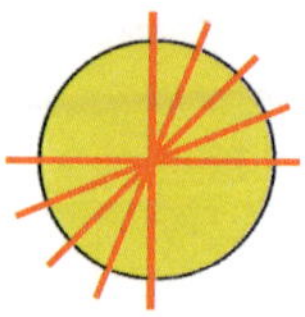	Viele Symmetrieachsen

Drehsymmetrie

Schau dir diese Figur genau an und drehe sie in Gedanken ein Stück weiter.

Nach einer halben Drehung sieht die Figur wieder genauso aus wie vor der Drehung. Sie ist **drehsymmetrisch**.

→ Wenn eine Figur nach einer halben Drehung wieder auf ihre ursprüngliche Form passt, ist sie **drehsymmetrisch**. Sie ist es aber nur dann, wenn auch Farbe und Größe übereinstimmen.

Maßstab

Große Gegenstände, Straßen, Fußballplätze, Stadtviertel, Länder oder Kontinente lassen sich auf Bildern oder Karten nicht in ihrer wirklichen Größe darstellen. Sie lassen sich nur **verkleinert** aufs Papier bringen.

Andererseits ist es manchmal notwendig, kleine Dinge **vergrößert** darzustellen, um sie besser erkennen zu können, zum Beispiel winzige Tiere in einem Insektenbuch.

Damit du weißt, um wie viel etwas vergrößert oder verkleinert wurde, wird der **Maßstab** angegeben.

→ Der **Maßstab** gibt an, um wie viel etwas **verkleinert** oder **vergrößert** abgebildet ist. Die erste Zahl nennt die Größe auf dem **Papier**, die zweite Zahl steht für die Größe in der **Wirklichkeit**.

Maßstab 10 : 1

Maßstab **10 : 1** heißt:

10 cm auf dem Papier entsprechen 1 cm in der Wirklichkeit. Die Ameise wurde **um das 10-Fache vergrößert**.

Maßstab 1 : 1

Maßstab **1 : 1** heißt:

1 cm auf dem Papier entspricht 1 cm in der Wirklichkeit. Die Büroklammer wurde in ihrer **wirklichen Größe** abgebildet.

Maßstab 1 : 10

Maßstab **1 : 10** heißt:

1 cm auf dem Papier entspricht 10 cm in der Wirklichkeit. Das Buch wurde **um das 10-Fache verkleinert**.

→ Du **berechnest** die **wirkliche Länge** einer **verkleinerten Strecke**, indem du die auf dem Papier gemessene Strecke mit der Maßstabszahl **multiplizierst**.

3 cm

Maßstab 1 : 1 000

Multipliziere: 3 cm · 1 000 = 3 000 cm = 30 m

Die Strecke ist in Wirklichkeit 30 m lang.

→ Du **berechnest** die **wirkliche Länge** einer **vergrößerten Strecke**, indem du die auf dem Papier gemessene Strecke durch die Maßstabszahl **dividierst**.

3 cm

Maßstab 10 : 1

Dividiere: 3 cm : 10 = 30 mm : 10 = 3 mm

Die Länge der Strecke beträgt in Wirklichkeit 3 mm.

→ Um etwas **verkleinert darzustellen**, **dividierst** du die Länge durch die Maßstabszahl. Überlege vor dem Rechnen, ob du mit der Längenangabe so gut rechnen kannst. Wenn es nötig ist, wandle die Angabe zuerst so um, dass du gut mit ihr rechnen kannst.

Du möchtest eine 3 m lange Leiter im Maßstab 1 : 100 darstellen.

Rechne um: 3 m = 300 cm

Dividiere: 300 cm : 100 = 3 cm

Du zeichnest eine 3 cm lange Leiter.

➔ Um etwas **vergrößert** darzustellen, **multiplizierst** du die Längenangabe mit der Maßstabszahl.

Du möchtest eine 5 mm lange Linie im Maßstab 10 : 1 darstellen.

Multipliziere: 5 mm · 10 = 50 mm

Rechne um: 50 mm = 5 cm

Du zeichnest eine 5 cm lange Linie.

! Auf vielen Karten findest du zusätzlich zur Maßstabsangabe eine **Maßstabsleiste**, die mit den wirklichen Entfernungen beschriftet ist. Sie hilft dir, die wirkliche Strecke einzuschätzen.

Maßstab 1 : 2000

0 20 40 60 80 100 m

Stichwörter Deutsch

A

B

C

Stichwörter Deutsch

Stichwörter Deutsch

Stichwörter Deutsch

Stichwörter Deutsch

Stichwörter Mathematik

Stichwörter Mathematik

Stichwörter Mathematik

M

N

P

Q

Stichwörter Mathematik

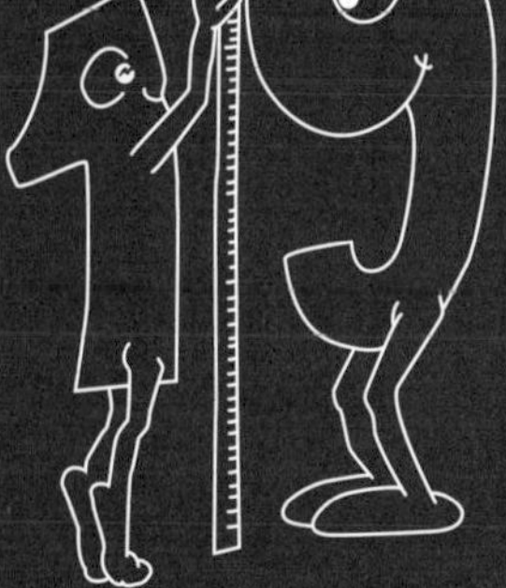